Bogotá

Santiago Gamboa

Colección ¡Buen viaje!, 2

Publicado originalmente en Francia por L'arbre qui marche
bajo el título de *Bogota*

Primera edición: junio, 2025

Publicado por La Línea del Horizonte Ediciones
C/ Mesón de Paredes, 73, 28012 (Madrid, España)
www.lalineadelhorizonte.com | info@lalineadelhorizonte.com

Coordinación editorial: Miguel S. Salas
Corrección: Luis Porras Vila
Diseño gráfico y de cubierta: Sébastien Jenger – Primo&Primo
Diseño de interiores: Nord Compo
Ilustración de cubierta: *Vista de Bogotá desde el Santuario de Monserrate*,
Sébastien Jenger – Primo&Primo
Retrato del autor: Iris Hatzfeld
Infografía: Lætitia Perotin – Primo&Primo
Diseño de mapas: Nicolas Jan
Adaptación al español: La Línea del Horizonte Ediciones

ISBN: 978-84-129013-5-1 | Thema: WTL, 1KLSC-CO-BDA
Depósito legal: M-13453-2025
Imprime: Estugraf | Impreso en España
Este libro ha sido impreso en papel ecológico, cuya materia prima proviene de una gestión forestal sostenible.

¡BUEN VIAJE!

Bogotá

Santiago Gamboa

LA LÍNEA DEL HORIZONTE
ediciones

A modo de prólogo...

Por ser mi primera ciudad —he vivido en muchas otras—, Bogotá ha sido siempre un modelo: el prototipo de lo que hay o debería haber en una urbe, de lo que falta o puede eventualmente sobrar, de lo que molesta o la hace agradable, de las zonas claras u oscuras, del peligro o la calma, de lo oficial y lo marginal. Bogotá es el lugar en el que aprendí lo que significa la vida urbana. Por eso, cada vez que llego a una nueva ciudad, mi gusto o rechazo está dictado por este primer modelo al que siempre regreso, aún si por el camino se han ido sumando otros, pues vivir es también acumular ciudades, calles habitadas y plazas desiertas, furiosas avenidas, bares o viejos teatros. La ciudad ideal y absoluta, la mía, sería como un traje de Arlequín compuesto por retazos de muchas otras, pero teniendo como centro esa primera y única, el lugar esencial en el que viví la infancia y la adolescencia.

La Bogotá de mi niñez era muy distinta a la actual y salvo la imagen aérea de un rectángulo, puedo decir que de aquella queda poco. Es un espacio vivo, en constante metamorfosis. Y es lógico: en los años setenta la población era menos de la mitad y las sucesivas oleadas migratorias la convirtieron en esa alocada urbe de hoy. A los quince años vivía en un barrio llamado Bella Suiza, en la localidad de Usaquén. La ciudad no era tan densa y en los alrededores había enormes potreros deshabitados a los que íbamos con los amigos a volar cometas o a cazar ratones con rifles de aire. Cuando paso por ahí, viendo los enormes edificios y construcciones, recuerdo las tapias de ladrillo que custodiaban esos terrenos baldíos, los viejos afiches taurinos descoloridos por la lluvia o la propaganda electoral, y me entra una gran nostalgia.

Cuando me fui de Bogotá, la ciudad era pequeña y provinciana. La carrera Quince era de doble vía, lo mismo que la Once y, dios santo, ¡la Trece! Cuando la calle 127 pasaba por debajo de la Autopista Norte había algo llamado «Puente Subterráneo», un oxímoron urbano difícil de imaginar y que parece el título de una obra de Escher. La avenida Caracas tenía doble calzada con separador y era ruidosa, de edificios ennegrecidos por el *smog*. Era una ciudad menos moderna y cosmopolita, pero el tráfico aún no era un problema. A mis padres les alcanzaba el tiempo para venir a almorzar a la casa desde la Universidad Nacional —del lado occidental, en la vía al aeropuerto—, e incluso podían permitirse una pequeña siesta antes de regresar a sus clases de la tarde.

“Cuando me fui de Bogotá, la ciudad era pequeña y provinciana”

En esos años los jóvenes del norte no íbamos casi nunca al Centro y mucho menos al Sur, al que temíamos como a las bocas del infierno. La ciudad era un archipiélago de zonas vedadas por motivos económicos y, se decía, de seguridad. Las zonas ricas, en contraste, aspiraban a un cierto cosmopolitismo. A la modernidad. ¿Y en qué consistía esa modernidad? El modelo era la cultura estadounidense, claro, y un ejemplo eran los centros comerciales, que apenas comenzaban con la inauguración de Unicentro, muy cerca de mi casa. Aún no existía el centro comercial Andino y en cambio hacía furor el Centro 93, que hoy languidece. El actual parque de la 93 era un pastizal en medio de las mansiones del Chicó en el que dormían siesta los celadores. Chapinero era una zona de clase media, de casas amplias de dos pisos y patios internos.

Los cambios que más noté en los primeros viajes de regreso tenían que ver con los cines, que durante mi adolescencia habían sido mis templos. Casi todos fueron desapareciendo. El Comedia, donde vi *Lo que el viento se llevó* y *El libro de la selva*. El Almirante, donde se podía fumar y daban muy buenas películas (recuerdo *Equus* o *Nunca te prometí un jardín de rosas*). O el San Carlos, con ciclos de Roman Polanski y Bergman, y el Trevi, donde vi *El último tango en París*. Teatros que se fueron degradando. En mis sucesivos viajes los vi transitar por el siguiente camino, cuesta abajo en la rodada: de cine comercial a cineclub, alternando con una novedosa moda importada de Argentina: el Café Concert, una especie de teatro cómico con música. La caída continuaba con un periodo breve de reestrenos de clásicos y sesiones dobles, para pasar, después, al cine porno. ¡Ilona Staller desembarcando en el altiplano de Bogotá! La etapa final de estos cines era convertirse en sede de iglesias evangélicas o, tras sacarle las sillas, en almacenes de venta de celulares.

Bogotá no ha sido, tradicionalmente, una ciudad turística, pero ahora es muy frecuente encontrar extranjeros deambulando por sus calles, haciendo fotos en La Candelaria, yendo a visitar museos, preguntando cómo se llega a Chía para ir al famoso restaurante y discoteca Andrés, Carne de Res. Nada que ver con esa ciudad más bien triste de los años ochenta, y ni hablar de más atrás, la vieja Bogotá de tranvías y gentes de gabardina y sombrero en la que, como escribió García Márquez, «caía una llovizna perenne desde el siglo XVI». La mirada de los extranjeros sobre mi ciudad me ha interesado, pero hay poco. En su bello libro *Estambul*, Orham Pamuk reflexiona sobre esto. Lo que suele gustarle al visitante, dice, es lo exótico, lo que no reconoce como «cultura occidental» y que, en cambio, se ajusta a su imagen previa y estereotipada del lugar: el bailador de flamenco y el torero en España, el derviche giróvago y el harén, en Estambul. Pero yo me pregunto: ¿qué imagen estereotipada trae el extranjero que llega a Bogotá? Es una ciudad poco conocida y los viajeros célebres no han sido muchos. En este libro mencionaré algunos. Y debo admitir que los estereotipos sobre Colombia más allá de la literatura de García Márquez, la obra pictórica de Fernando Botero, la música de Shakira y los estallidos ocasionales de algún futbolista, son por lo general negativos: el tráfico de drogas, la violencia, la guerrilla, el secuestro de Ingrid Betancourt, la leyenda de Pablo Escobar —que no es de Bogotá, sino de Medellín, pero desde lejos no se percibe la distancia—, y por eso el colombiano está siempre nervioso ante la opinión de los visitantes y casi agradece que alguien se tome el trabajo de venir al país.

¿Qué se le puede reprochar a Bogotá, habiendo nacido en ella? Se le pueden criticar esos rápidos y repentinos cambios que nos hacen sentir cada vez más viejos. Su afán por derribar y construir, por cambiar de piel constantemente, la convierten en una ciudad sin memoria. En París todavía se pueden visitar los cafés a los que iba Baudelaire y los Campos Elíseos siguen siendo de doble vía, como en las novelas de Balzac. En Madrid, sobre el Paseo de Recoletos, aún está el café Gijón en el que Valle-Inclán tomaba vino tinto. Ni hablar de Roma. Los que nacen en estas ciudades son eternamente jóvenes: las ciudades envejecen por ellos. Nosotros, en cambio, somos ancianos, perdidos en evocaciones y recuerdos de una Bogotá que solo existe en nuestra memoria y, cada vez más, en nuestra imaginación.

“El colombiano está siempre nervioso ante la opinión de los visitantes y casi agradece que alguien se tome el trabajo de venir al país”

La metamorfosis de una ciudad

Bogotá, ese extraño nombre. La ciudad en la que nací. El primer universo que tuve delante de los ojos. En esa época era una población más bien oscura, retraída, de menos de dos millones de habitantes. Llegué a ella en el año de 1965, el penúltimo día. Fue un jueves, según veo en un viejo calendario. En realidad no hace tanto tiempo, pero parece que hubieran pasado siglos…

Era un mundo opaco, en blanco y negro.

Mi abuelo paterno tenía un Studebaker, y el materno, un Buick. Mis padres, un viejo *jeep* Nissan y hubo que esperar hasta mediados de los setenta para que pudieran comprar, a crédito, la primera camioneta Renault 12 que se ensambló en el país. En la televisión había solo tres modestos canales que eran como ventanas para mirar la vida en otros países. Yo era aficionado a las viejas series norteamericanas de detectives, me refiero a *Kojak*, *El teniente Columbo* o *Las calles de San Francisco*. Además de las tramas, me gustaba ver las ciudades en las que ocurrían esas historias. Eran modernas, vitales, salvajemente atractivas. Nosotros, en Bogotá, estábamos lejos de todo y no pensábamos mucho en el mundo. Recibíamos noticias tardías de Europa o Estados Unidos y algo del resto de América Latina, sobre todo de México, Brasil y Argentina, que eran los países con más prestigio. África y Asia eran regiones imaginarias, casi inexistentes por fuera de las novelas de Salgari o Jules Verne. Cuando por fin nos llegaba una moda, lo común es que esta ya fuera obsoleta en su lugar de origen. Estábamos lejos en la geografía y en la historia, en el pasado y el presente, y nuestro futuro era una incógnita.

Ese era el aire que circulaba durante mi infancia en la Bogotá de finales de los años sesenta y los bogotanos sufríamos de un gran complejo de inferioridad. La expresión «de afuera» era sinónimo de «superior», pues nadie dudaba de que estar fuera de Colombia era siempre y en cualquier caso una ganancia. La gente importante había pasado temporadas en otros países o viajaba con frecuencia «al extranjero», ese lugar mítico en el que se concentraban todos los anhelos.

Por eso mi infancia fue silenciosa.

Vivía en un lugar del que todos querían irse.

Bogotá tampoco tenía una literatura muy notable. Ni novelas ni grandes versos, pues las obras geniales de Gabriel García Márquez estaban referidas al Caribe colombiano, a ciudades llenas de sol y colores, de grandes horizontes marinos, con personajes estrambóticos y abuelas sabias. Todo eso estaba muy lejos de Bogotá, que además era la única capital latinoamericana que no tenía un bolero o una canción conocida. Nadie le cantó nunca algo especial que pudiera compararse a la lírica de La Habana, Buenos Aires, México, Río de Janeiro o Lima. Las baladas más conocidas están llenas de habaneras, panameñas o santiaguinas. ¿Nunca una bogotana le rompió el corazón a un compositor? El poeta José Asunción Silva era bogotano, sí, lo mismo que el novelista José María Vargas Vila, pero la ciudad como creación literaria es la gran ausente. Y ambos fueron creadores a contracorriente: el primero se suicidó y al segundo lo excomulgó el Vaticano y los gobiernos conservadores le pusieron precio a su cabeza.

“Vivía en un lugar del que todos querían irse”

Un misterio.

La cultura y el arte, sin embargo, estaban ahí. Teníamos un lejano pasado prehispánico al que muchos eran indiferentes, pero que en mi caso personal, por mis padres, contaba muchísimo y era una pequeña fuente de orgullo: los misteriosos escultores de San Agustín y los dibujantes de hipogeos de Tierradentro, la cerámica de las culturas muisca, tumaco y calima, la mitología y leyendas chibchas, la magnífica orfebrería quimbaya. En general, la cultura en la Colombia de esos años parecía ser lo que en el fondo ha sido siempre en cualquier lugar del mundo: un refugio y una prueba de vida.

Bogotá contaba también con algunas buenas librerías, cine y teatro, varias salas de exposiciones para pintores locales y algo de música. La ciudad hacía tímidos intentos por existir. «También las ranas pesan en el mundo», escribió Aristófanes en una de sus comedias. Cuando leí esa frase, pensé en mi ciudad, tan lejos de todo lo que nos parecía trascendente.

¿Cuál es la balanza que mide ese «peso en el mundo»? El poeta Virgilio Piñera se hizo la misma pregunta sobre Cuba, y escribió estos versos:

> Un pueblo permanece junto a su bestia en la hora de partir,
> aullando en el mar, devorando frutas, sacrificando animales,
> siempre más abajo, hasta saber el peso de una isla en el
> [amor de un pueblo.

Pero en esa Bogotá en blanco y negro en la que nací nadie amaba realmente la ciudad. No pesaba en nuestros corazones, tan blancos y fríos. Al revés: era como una enfermedad vergonzosa que habíamos contraído y a la que debíamos resignarnos.

Bogotá, Bogotá.

Nada es para siempre y con los años —y las décadas— la ciudad fue saliendo de su anonimato, adquirió cierto brillo, refulgió hasta convertirse en una urbe mayor, acumulativa, por momentos incluso desbordada. Llegó casi a los diez millones de habitantes y su importancia creció. Como le pasa a algunas grandes ciudades que, involuntariamente, acaban convertidas en modestos centros del mundo. Eso sí: de mundos pequeños, de fragmentos del mundo. Tras la caída y desaparición de Caracas —la verdadera ciudad invisible de hoy— por obra y gracia de su torpe sistema político, a Bogotá no le quedó más remedio que adoptar el rol de capital del norte de Sudamérica. Las multinacionales que tenían sede en Caracas se trasladaron a Bogotá. Llegaron nuevas empresas de todo tipo y se impulsaron los negocios estatales, caso del petróleo; se firmaron tratados de libre comercio y proliferó la inversión extranjera, lo que le dio un aire más sofisticado al país y sobre todo a la ciudad metrópoli, que buscó modernizarse a pasos agigantados con una ambiciosa carrera urbanística, pues ahora debía albergar no solo a los nuevos empresarios transferidos y sus empleados, sino a millones de nuevos ciudadanos que por la bonanza emigraron a ella desde el resto del país. La tecnología la acercó al mundo y el turismo internacional empezó a llegar, curioso de ver *in situ* ese territorio que para muchos era un invento reciente.

Bogotá vivió entonces una profunda metamorfosis. Una más. Con el cambio de siglo ese diminuto punto en el mapa, al norte de Sudamérica, empezó a emitir cierta luz. Figuras inalcanzables como Paul McCartney, Madonna o los Rolling Stones anunciaron conciertos en el mismo estadio de fútbol en el que juegan los modestos equipos capitalinos, Millonarios y Santa Fe. La economía y las finanzas globales, que expresan otra faceta de la modernidad, hicieron su aparición: nuevos grupos saudíes o chinos entraron a competir en inversiones con Estados Unidos y Europa, con México y Brasil, interesándose en las licitaciones

“A Bogotá no le quedó más remedio que adoptar el rol de capital del norte de Sudamérica”

públicas y los proyectos de infraestructura. El capitalismo del siglo XXI encontró tierra fértil en estos parajes antes tan solitarios, tanto que a finales del 2023, de acuerdo a cifras oficiales, el PIB de Bogotá se elevó tanto que llegó a superar el de países enteros de la región como Uruguay, Panamá o República Dominicana.

Una de las primeras consecuencias de este auge fue el alza de los precios de la vivienda. En los sectores elegantes, caso de Rosales, Chapinero Alto o Santa Ana, el valor del metro cuadrado se multiplicó llegando a alcanzar al de algunas «ciudades universales», costosas y con mayor ingreso per cápita, como París o Nueva York. Los gerentes de las multinacionales recién instaladas podían pagarlos, claro que sí, pero no la gran mayoría de la población, lo que fue creando zonas urbanas tremendamente exclusivas y situaciones asombrosas. Algunas familias que vivían en esos barrios desde hacía 30 o 40 años, cuando no eran tan caros, se vieron de la noche a la mañana durmiendo sobre minas de oro. Hubo inesperados aumentos de patrimonio y mucha especulación inmobiliaria, y por supuesto grandes grupos internacionales de finca raíz llegaron a la ciudad interesados en invertir y hacer negocios.

Y algo más, relacionado con la prosperidad, y es esa conocida pregunta: «¿A dónde vamos a cenar esta noche?».

La restauración también vivió un enorme *boom*. Surgieron restaurantes de todo tipo: la gastronomía del mundo llegó a los locales bogotanos. Comida nunca vista antes como la iraní, la libanesa o de Marruecos, de Siria y Mesopotamia, apareció de repente. A los tradicionales restaurantes de comida china, esta sí muy instalada desde hacía décadas, se unieron la coreana y tailandesa, la de Indonesia y Vietnam. El *poke*, el *sateh*, el *nasi goreng*. Todo el sudeste asiático desembarcó en Bogotá, lo mismo que África. Los continentes fueron rápidamente representados afinando el paladar de los ciudadanos que podían acceder a estos servicios y, así mismo, la comida local se hizo más ambiciosa y elaborada. Aparecieron los grandes chefs. Una de las primeras fue Leonor Espinosa con su restaurante Leo, Cocina y Cava —que obtuvo su tercera estrella Michelin en 2021— uniendo en el menú su personal búsqueda étnica y estética con tradiciones europeas. Tanto se avanzó en esto que hoy, en el 2024, el portal TasteAtlas, especializado en catalogar las comidas tradicionales de todo el mundo, ubicó a Bogotá en sexto lugar en la lista de mejores ciudades de América Latina para disfrutar de la gastronomía.

El auge del vino fue otro de los grandes temas en esta rápida carrera hacia la sofisticación. En una ciudad que no tenía costumbre vinícola —el trópico no es apto para el cultivo de la vid—, los restaurantes, al inicio del siglo XXI y empujados por el desarrollo, empezaron a ofrecer una inmensa carta de vinos europeos y norteamericanos, chilenos y argentinos. En los locales más elegantes apareció la figura del *sommelier*. ¡Y la clientela aprendió! Hubo una especie de curso exprés de refinamiento para la burguesía capitalina, que incluso se permitió alguna vez el gesto esnob por excelencia de devolver una botella por considerarla *picada,* o el tener en sus casas esos elegantes refrigeradores con la temperatura ideal para las botellas.

Durante mi juventud no era así: el vino era un licor para beber en las fiestas y, muy de vez en cuando, acompañar alguna comida. La verdad es que era una rareza, y poco apetecido entre los jóvenes por su baja graduación alcohólica —en esa edad el objetivo era embriagarse lo antes posible, y no de virtud ni de poesía—. Además no acababa de combinar del todo con la sazón criolla. Recuerdo una anécdota típica de este desconocimiento, años después, en París. Un alto funcionario del gobierno del presidente Álvaro Uribe estaba siendo agasajado en la sede de la Unesco con una cena francesa. Cuando le hablaron de las excelencias del vino que le iban a servir tapó la copa con la mano y dijo: «Yo no tomo trago, tráigame una Coca-Cola *light*».

A pesar de que ciertas capas sociales privilegiadas pueden acceder a estos restaurantes internacionales rabiosamente a la moda, la mayoría de la población bogotana sigue siendo devota del chocolate caliente con queso fundido para combatir el frío y acompañar el desayuno dominical con tamal, ese plato de origen prehispánico que es una maza de maíz con tocino y carne de cerdo envuelto en hoja de plátano. O de la papa y sus infinitas formas,

❝ La mayoría de la población bogotana sigue siendo devota del chocolate caliente con queso fundido ❞

pues el altiplano en el que se encuentra Bogotá es el ecosistema de al menos 18 tipos de papas —en Colombia hay 850 variedades—, y que tienen su expresión en el *ajiaco*, esa sopa con cuatro tipos de papa, pollo, crema de leche y hoja de *guasca*, una hierba salvaje que se da en las alturas. También hay particular devoción por lo que se llama *fritanga*, una combinación de productos fritos a base de carne de res, pollo y cerdo, papa criolla, chorizo, morcilla, chicharrón, patacones, plátano maduro y yuca frita. Es común encontrarlo en la comida de calle. El nombre popular con el que se conoce a estos lugares es «Palacio del Colesterol», y es muy común que los hoteles ofrezcan a los viajeros visitas guiadas a estas mesas populares.

Bogotá progresó a tal punto que incluso sus comedores más modestos se han vuelto de interés para los turistas. Es algo normal. Con frecuencia, lo más llamativo y original de un lugar acaba siendo lo que era más tradicional para sus habitantes, solo que bajo un nuevo punto de vista. A esto se le suele llamar también *exotismo*.

La ciudad, de cualquier modo, fue ampliando su oferta de servicios, sus posibilidades de consumo.

En ese camino hacia la modernidad fueron llegando también los almacenes de super lujo de todo el mundo. Concesionarios de automóviles Maserati o Ferrari y tiendas con las marcas más refinadas y costosas de la moda. ¿Quién entra a estos almacenes? La gente se fue acostumbrando, pues el auge de la economía y los nuevos ricos de este cambio estaban ahí, con sus tarjetas color platino, preparados para lanzarse de lleno al gasto conspicuo. Y no solo de superlujo: también cadenas internacionales como Ikea o Decathlon inauguraron almacenes en varias ciudades. Y aerolíneas como Emirates o Turkish abrieron rutas directas a Bogotá desde Estambul o Dubái, sumándose a las ya existentes de Europa que conectan la ciudad con el mundo. Solo a España hay 56 vuelos semanales.

Incluso la percepción de la violencia, que fue el gran estereotipo de toda Colombia a fines del siglo xx, se fue modificando. Hay que decir que incluso en los momentos más duros, los carteles de las drogas nunca llegaron a tomarse Bogotá —los más fuertes fueron el Cartel de Medellín y el de Cali—, aunque, por ser la capital, sí fue escenario de la lucha de algunas de estas organizaciones contra el Estado. Pablo Escobar puso infinidad de carros bomba en la capital, y ordenó muchos secuestros, lo mismo que otras bandas criminales. Pero Bogotá se repuso y gran parte de esto quedó atrás, aún si hoy sigue siendo una capital latinoamericana, con los peligros derivados de la delincuencia común, hija de la desigualdad económica de la región.

“Los carteles de las drogas nunca llegaron a tomarse Bogotá”

De cualquier modo, con el cambio de siglo y la irrupción de esta nueva modernidad, Bogotá se transformó para siempre en algo distinto.

Y la modesta ciudad en la que nací desapareció.

LA CIUDAD EN LAS NUBES

Regresemos un momento a los orígenes.

¿Por qué una ciudad en lo alto de la cordillera? Tan lejos del mar Caribe y del océano Pacífico, es decir de las rutas marítimas del comercio; y tan ausente de los ríos que comunican el interior con esas costas. ¿Qué llevó a los conquistadores españoles a quedarse en ese lugar cerca de las nubes? Es realmente un paraje atípico. Su clima frío, el sol picante de montaña, el viento fresco. ¿Qué consideraciones la convirtieron en un lugar posible? Supongo que al llegar a lo alto de la cordillera y ver la sabana, un territorio plano de un verde muy intenso, los españoles sintieron alivio. Dieron un respiro. ¡Al fin un sitio en el que no hacía calor y, sobre todo, sin esas nubes de insectos que debieron martirizarlos a lo largo de su viaje!

Un lugar en el que siempre es otoño.

Y sin mosquitos.

Tal vez por eso decidieron quedarse y fundar una ciudad.

Hay algo más: los conquistadores que llegaron a estas alturas no venían guiados por un afán geográfico ni cultural ni político. Los dirigía —en realidad, los obsesionaba— una poderosa leyenda, tal vez la más grande del Nuevo Mundo: la de El Dorado.

La ciudad de oro y la laguna de oro.

Desde su llegada a América los españoles oyeron hablar de esa legendaria aldea en donde todo, desde las calles hasta los utensilios cotidianos, estaba hecho de oro, y no solo se lanzaron en su búsqueda, sino que su imaginación la multiplicó hasta extremos delirantes.

Fue la primera «fiebre del oro» europea en tierra americana. La buscaron en las costas del mar Caribe y en Venezuela, en el Perú y el Ecuador, y por supuesto en los territorios de la actual Colombia. Luego el mito fue pasando de una región a otra, cambiando de ubicación geográfica, e incluso en 1617 un personaje estrafalario, el corsario inglés sir Walter Raleigh, la buscó del otro lado del continente, en las costas de la actual Guyana, y envió a su hijo, Watt Raleigh, a continuar la exploración por el río Orinoco.

¿Qué contenía esta leyenda? Según las primeras fuentes indígenas, en lo alto de las montañas, hacia el interior, había un pueblo que celebraba una asombrosa ceremonia: cada vez que había un nuevo cacique, el cuerpo se le cubría con una masa pegajosa de tierra y oro en polvo. Hecho esto subía a una balsa para dirigirse al centro de una laguna sagrada y una vez allí arrojaba al lago esmeraldas y oro, hasta sumergirse él mismo. Esto para complacer a los dioses y obtener su favor. Los ávidos españoles enloquecieron con esta historia, una primera versión del mismo «realismo mágico» que estas tierras desmesuradas harían explotar en el imaginario de los conquistadores.

“ Un lugar en el que siempre es otoño. Y sin mosquitos. Tal vez por eso decidieron quedarse y fundar una ciudad ”

Algo así le pasó al abogado y teniente general granadino Gonzalo Jiménez de Quesada, quien llegó al puerto caribeño de Santa Marta en 1535 y, poco después, organizó un viaje por el interior, hacia el Perú, siguiendo el curso del río Magdalena. Hombre inteligente y observador, notó que el precio de la sal —vital para estos viajes— subía al alejarse de la costa, pues era escasa, pero al avanzar hacia el interior era de nuevo abundante y barata. Y algo llamó su atención: ya no se la encontraba en grano, sino en terrones, pequeñas piedras. ¿De dónde provenía? Los indígenas le hablaron de unas minas de sal en lo alto de la cordillera y mencionaron a un cacique, así que Jiménez de Quesada decidió desviarse y explorar, teniendo en mente que cualquier nuevo asentamiento indígena, y más si estaba en lo alto, podía conducir a El Dorado.

Fue así que llegó al altiplano y se encontró con la Confederación Muisca, pueblo rico en oro y esmeraldas, lo que avivó su ambición. Muy pronto supo de primera mano del ritual del oro que se celebraba en la cercana laguna del cacique Guatavita —a 60 kilómetros de Bogotá—. Esa laguna sagrada, a 3100 metros de altura, era el lugar donde se hacía la mencionada investidura del *zipa*; este iba en una balsa de juncos ricamente adornada y con el cuerpo cubierto de oro; a sus pies llevaba oro y esmeraldas y braseros encendidos con un sahumerio llamado *moque*. Lo acompañaban cuatro caciques y, cuando la balsa llegaba al centro de la laguna, el pueblo, reunido en las orillas, arrojaba objetos de

“Y, cuando la balsa llegaba al centro de la laguna, el pueblo, reunido en las orillas, arrojaba objetos de oro y piedras preciosas”

oro y piedras preciosas al agua. La «balsa muisca» que hoy se exhibe en el museo del Oro de Bogotá reproduce esta escena.

«¡Era El Dorado!», debió pensar Jiménez de Quesada, «no había ninguna duda».

Coincidía con las historias que había escuchado desde su llegada a Santa Marta, excepto por un pequeño detalle que descubrió al llegar a la laguna y es que no había rastro de oro en las orillas. Y otra cosa: la ceremonia llevaba años sin celebrarse. Hubo varios intentos por drenar la laguna e incluso se abrió un boquete en la parte nororiental para desaguarla. Algunos, como el capitán Lázaro Fonte o Hernán Pérez de Quesada, encontraron varias piezas de oro, pero nunca la riqueza de la que hablaba el mito.

EXISTIR

Pero Bogotá, esa ciudad aún imaginaria, seguía a la espera.

El 6 de agosto de 1538, después de varias batallas contra los indígenas muiscas y los panches y de matar en combate al *zipa* Tisquesusa, Jiménez de Quesada decidió posponer para siempre su viaje al Perú y fundar una nueva ciudad. Buscó el lugar apropiado y eligió una loma al lado de las montañas orientales, justo donde estaba el palacio de recreo de otro de los caciques, Teusaquillo. Sobre el nombre no tuvo dudas: Nueva Granada, en honor a su ciudad andaluza. Ahí clavó la espada y ordenó construir doce chozas simbólicas, un número que ha dado pie a los historiadores para diversas interpretaciones.

Según el cronista Fray Pedro Simón, eran construcciones «bien acabadas a su modo; de palos que a trechos se van hincando en la tierra, llenando los vacíos de entre uno y otro de cañas y barro, y las cubiertas de paja sobre fuertes y bien dispuestas varas; y he oído decir que la intención con que no fundaron más que estas doce casas fue por corresponder al número de los doce Apóstoles».

¿Los doce apóstoles? Esta es la versión cristiana. Pero hay otra que asegura que Gonzalo Jiménez de Quesada, nacido en Granada, era judío converso, y que las doce cabañas representaban las doce tribus de Israel. Lo dice el cronista y poeta Juan de Castellanos, autor de la *Historia de la fundación del reino de Granada*: «Y ansí fundaron luego doce ranchos pajizos, que bastaban por entonces para recoger la gente toda, por igualar a las doce Tribus de los hebreos y a las fuentes de la tierra de Elin por do pasaron, y al número doceno de las piedras que del río Jordán fueron sacadas y en el suelo de Gálgata pusieron para memoria de sus descendientes».

La historia de la fundación de esta ciudad estaba apenas empezando. Al año siguiente, en 1539, llegaron a la Nueva Granada otros dos conquistadores muy diferentes entre sí y por diversos rumbos: el español Sebastián de Belalcázar, desde el sur, representando al general Francisco Pizarro y al virreinato del Perú, y el alemán Nikolaus de Federmann, proveniente de Venezuela, territorio que el rey Carlos I le había dado en explotación a la casa Welser de Alemania. Vale recordar que Carlos I de España era también Carlos V de Alemania y emperador del Sacro Imperio Romano Germánico.

Estos dos personajes llegaron a la naciente Bogotá fundada por Jiménez de Quesada hacía un año, pero que aún no se había registrado como «ciudad nueva» ante la corona española, pues no contaba con un cabildo que le diera existencia legal. Como era de esperar, hubo gran tensión con los recién llegados. Belalcázar argumentó que ese territorio le pertenecía al virreinato del Perú y Federmann lo reivindicó como parte de las tierras concedidas a Alemania. Cada uno de los tres contaba con su soldadesca y hubo unas cuántas noches en que todos durmieron con las armas dispuestas en el regazo. Al final, por la vía diplomática de los capellanes, los tres conquistadores decidieron compartir honores y Bogotá se fundó por segunda vez, ahora sí de forma legal y jurídica, el 27 de abril de 1539. Y luego viajaron juntos a España a registrar sus derechos.

La primera fundación, en cualquier caso, es la del 6 de agosto de 1538. Aún faltaban nueve años para el nacimiento de Miguel de Cervantes en la lejana Alcalá de Henares, y sesenta y siete para la publicación de su *Ingenioso hidalgo don Quijote de la Mancha*.

Bogotá, por lo tanto, es anterior al Quijote.

DE NUEVO LA ALTURA

Vuelvo a la altura de la ciudad, pues no es un tema banal.

Bogotá está a 2650 metros sobre el nivel del mar. Dejando de lado un volcán en la isla de Tenerife, no hay en toda España una altura semejante. Se comprende que para los indígenas fuera el centro de la Confederación Muisca y del zipa Tisquesusa, pues vivían ahí desde el origen de los tiempos y no estaban referidos a un imperio al otro lado del océano. Pero, para los españoles, ¿una capital a 150 kilómetros del río Magdalena, la vía navegable, y a 1100 kilómetros del mar Caribe? Ya vimos que el buen clima y la leyenda de El Dorado pudieron justificar que los conquistadores hayan subido a la montaña y sojuzgado a los indios, pero no que hayan decidido quedarse a vivir. Sin embargo, Bogotá no es la única ciudad que peina nubes. Hay otras capitales del mundo a esa altura: Quito y por supuesto La Paz, aún más arriba. Y Ciudad de México. En África está Addis Abeba, igual que Bogotá, y en Asia, Lhasa, a 3650 metros.

Ciudades cóndor, más cerca del cielo y las estrellas. ¿Qué ha buscado el hombre al establecerse en esos lugares? ¿Tal vez para recogerse y estar más cerca de su Dios? Son sociedades volcadas en sí mismas. En la antigüedad, las urbes más importantes eran puertos, pues el comercio las hacía crecer y desarrollarse. En los barcos llegaban viajeros y comerciantes de latitudes lejanas con otras lenguas e ideas. Con otros dioses y teorías. Nuevas sensibilidades que hacían más sofisticadas y audaces las propias. Las ciudades puerto se convirtieron en megalópolis de cultura y centros de poder económico.

¿Y las ciudades altas y escondidas?

Se quedaron aisladas, ensimismadas. Solo hasta 1717 la corona española decidió crear el virreinato de Nueva Granada con su centro en Santafé de Bogotá. El virreinato del Perú existía desde 1540 y el de Nueva España, que incluía a México y la isla de la Española, hoy República Dominicana, desde 1520. Bogotá tardó dos siglos en confirmar su potestad para ejercer el dominio desde la altura, como en un panóptico o zigurat, con los ojos del poder situados en lo alto.

En América Latina, las ciudades altas se desarrollaron con lentitud. Bogotá, Quito o La Paz fueron menos influyentes que Buenos Aires, Caracas, Río de Janeiro o La Habana. La única de las urbes panópticas que conquistó un estatus importante fue Ciudad de México, que de cualquier modo se fundó sobre una laguna y tenía comunicación fluvial.

Para cualquier ciudad de la antigüedad, el contacto rápido y eficaz con el resto del mundo y los entresijos de su propia nación era definitivo si quería erigirse como centro y mantener el poder. De ese centro salían los caminos hacia las diferentes regiones y por eso no podía estar alejada ni ser tan inaccesible. Las calzadas y senderos eran las venas que sostenían la vida de los imperios. En el siglo XIX llegó el tren y se conjugó con el puerto. Las estaciones de ferrocarril estaban cerca de los muelles y de ahí partían hacia el interior. El comercio fluía entre vagones y bodegas marinas. Los pasajeros iban y venían. La vía férrea complementó al río y se convirtió en metáfora de la conquista.

El barco descubría, el tren conquistaba.

En 1830 un ingeniero escocés, John Loudon McAdam, empezó a construir caminos con un nuevo proceso: una superficie de piedra apisonada, lisa y dura, que hacía más amable el transporte por tierra. Se le puso su nombre, el *macadán*. Las primeras carreteras apisonadas son de 1830, y luego, con la llegada del asfalto —técnica de la antigua Mesopotamia— y el hormigón reemplazando las piedras, se abrieron carreteras que llegaron a lugares aún más distantes.

Lejos, cada vez más lejos hacia el interior.

Luego, en 1886, el ingeniero alemán Karl Friedrich Benz inventó el primer automóvil. Ahora se podía llegar a las ciudades por carretera y los camiones, poco a poco, complementaron la labor de los trenes.

Un supuesto antepasado mío, Coriolano Amador, hombre rico de la región colombiana de Antioquia, trajo a Colombia el primer auto en octubre de 1899. Un Dion-Bouton hecho en Francia. El asombroso artilugio llegó por barco al puerto de Barranquilla, viajó hacia el interior por el Magdalena y subió a Medellín en lomo de mula. Con él venían varios depósitos de combustible y un chofer francés que lo sabía manejar, pero al poco tiempo, al agotarse los suministros, no quedó más remedio que engancharlo a una recua de caballos, convertirlo en carroza y devolver el chofer a París.

En el siglo XX llegaron los aviones y cambiaron el planisferio. La ubicación de la ciudad dejó de ser relevante. Por el aire se podía llegar a cualquier lado y los aeropuertos transformaron las urbes. Le dieron valor a lugares que antes eran impensables. El cielo no tiene caminos empedrados ni *icebergs*, aunque sí nubarrones y tormentas, como el mar. Pero el instinto conquistador fue más fuerte.

El avión acabó por imponerse y las dos primeras compañías del mundo, en 1919, fueron la KLM de Países Bajos y la Sociedad Colombo-Alemana de Transporte Aéreo (SCADTA), con sede en Barranquilla —que más tarde tendría el nombre de Avianca—, cuyos socios alemanes y austríacos comprendieron el valor comercial del transporte aéreo, inicialmente con hidroaviones, en una geografía tan difícil.

Bogotá, oculta en las alturas, debió esperar la llegada de la aviación para ser un poco más visible, pues, como ya vimos, los caminos por tierra eran largos. Las caravanas españolas que venían de la Metrópoli, desde la anhelada Madrid, debían llegar primero al puerto de Cartagena de Indias, viajar en carroza hasta la desembocadura del río Magdalena e internarse hacia el interior del país en naves convencionales —aún no había barcos de vapor, como en *El amor en los tiempos del cólera*, de Gabriel García Márquez—, bajarse en el puerto fluvial de Honda, a 150 kilómetros de Bogotá, y empezar el ascenso a la cordillera hasta la altitud de 2650 metros por una calzada de piedra que aún hoy, en ciertos tramos, se llama «camino real».

« Bogotá, oculta en las alturas, debió esperar la llegada de la aviación para ser un poco más visible »

Una odisea para soldados rudos.

Difícil imaginar a las princesas españolas, con sus botines de nácar, soportando esos trajines. Pero lo hicieron.

La Bogotá de la época colonial creó un universo hispano y criollo que cultivó las típicas formas de la sociedad palaciega cercana al poder: exquisitez de conductas, actitudes y estilos importados de Madrid, arribismo, menosprecio de lo propio y reverencia exagerada de lo que provenía de ultramar, gran clasismo y racismo con el indígena. Un esquema colonial que, en lo formal, asemejaba al anglosajón o al portugués, aunque en el hispano, por haber iniciado con una feroz conquista hecha por varones solos, sí hubo mezcla con mujeres indígenas creando la figura del *criollo*, ese hijo escindido entre las dos riberas del océano: entre la España imperial y el derrotado mundo aborigen.

En esa mentalidad colonialista el indio era el *otro*, el siervo con el que había cierta condescendencia, pero nada más. Los sacerdotes católicos aprendieron sus idiomas para evangelizarlos y descubrieron que tenían alma y que también eran hijos de Dios. Por eso no podían tratarlos como esclavos. Esta revelación hizo que las autoridades españolas compraran esclavos negros del África —en los mercados portugueses— para los trabajos más rudos, lo que, con los siglos, acabó determinando nuevas mezclas raciales: mulatos, criollos y zambos —hijo de negro e indígena.

Más tarde serían estos indígenas y campesinos multiraciales los que conformarían el grueso de los ejércitos libertadores comandados por Simón Bolívar contra el dominio español, aunque luego, en la Colombia independiente, las formas del menosprecio al indio y al negro heredadas del sistema colonial no solo se mantuvieron, sino que, tras asombrosas metamorfosis, se hicieron aún más fuertes y perviven hasta nuestros días.

HENRI MICHAUX EN LA CORDILLERA

En su libro *Ecuador*, de 1929, un joven Henri Michaux publica el diario de viaje que hizo por ese país en 1928. En esos años, claro, todo era demasiado nuevo para un europeo que llegaba a América y por eso la perplejidad y sorpresa de Michaux es extrema, ante muchas cosas. Una de ellas está referida precisamente a la altitud de la ciudad de Quito, que es mayor que la de Bogotá: 2860 metros.

Escuchemos a Michaux:

> Las ciudades son para los jóvenes un buen ejercicio de odio.
>
> ¡Pero Quito! El ahogo mismo.
>
> El globo terráqueo se ha alzado allí. Ha logrado empujar, hasta los 2860 metros, no una montaña, sino un valle. A 2860 metros.
>
> En ese valle: Quito.[1]

Más adelante habla del modo en que cambian los climas al bajar de las montañas, un texto que habría podido escribir, de forma idéntica, descendiendo de Bogotá hacia las regiones cálidas:

> El Ecuador es una región determinada más particularmente por su altitud, que va de 6200 metros en el centro hasta el

1 Michaux, H. (1929): *Ecuador*, Gallimard, p. 83.

nivel del mar, y por su ubicación en el globo, que su nombre ya indica en parte.

Lo más alto es nieve y hielo, la cúpula de numerosos volcanes. La región intermedia (los 3000 m) sigue siendo fría y árida. Media hora en un tren lento: he aquí una estación, te ofrecen mandarinas recién recogidas. Lo acribillan a uno las moscas. Ya no se soporta el abrigo (es que se ha bajado a 2300 metros). Unos minutos más de trayecto: caña de azúcar, y unos cientos de metros más abajo, hacia los 1000 metros. Hay piñas, bananos, palmas de toda especie, monos, loros, tifus y paludismo [...]

Es difícil determinar el clima del Ecuador. En las mesetas altas, la gente suele decir —y es bastante cierto—: las cuatro estaciones en un solo día:

Mañana de verano.

Mediodía de primavera. El cielo empieza a cubrirse.

A las cuatro, lluvia. Frescor.

Noche fría y luminosa de invierno.[2]

La altura afecta el clima, por supuesto, y este el temperamento de las personas: entre más cálido, más expansivo y locuaz; entre más frío, más silencioso, retraído y distante. Esto es una evidencia en Bogotá. El bogotano es diferente al caribeño, se viste con ropa oscura y habla en tono bajo. El caribeño usa camisas coloridas, se ríe, gesticula. Está más cómodo en el mundo y el aire tibio en el que vive parece concederle una libertad que en las alturas de la cordillera pocos se permiten. Estas diferencias son muy marcadas. El

2 *Ibidem*, pp. 87-89.

problema surgió cuando alguien, en Bogotá, decidió establecer jerarquías entre estas formas de ser.

Que una era superior o mejor que la otra.

Así, muy pronto, se consolidó en Bogotá la idea palaciega de que el resto del país, esa «tierra caliente», era el hogar de seres simpatiquísimos, tal vez, pero perezosos e incultos. En cambio Santa Fe de Bogotá, por albergar la cabeza del virreinato, se dibujó como la representante de esos valores españoles de ultramar que en la colonia eran el máximo de la sofisticación. Fue así que las montañas verde oscuro de la sabana se convirtieron —para estos criollos blancos, hispano hablantes y católicos— en una suerte de castillo inexpugnable, de fortaleza de una civilización de la que ellos eran defensores y adalides, mientras que allá abajo, en la infernal «tierra caliente», se debatía el fin de la cultura y la civilización, el pozo oscuro de la barbarie, la llamarada pecaminosa y concupiscente de esas pieles indias y negras, de zambos y mestizos. Un escenario que con los siglos provocó una contradictoria situación: si bien ante el resto del mundo Bogotá se sentía pequeña e insignificante, en el plano nacional era soberbia y se comportaba de forma egoísta y presuntuosa con las demás regiones. Esta actitud atravesó los años de la independencia, se instaló en el imaginario del país en el siglo XIX y continuó creciendo en los siglos XX y XXI. Se creó el despectivo término *calentano* para las personas de regiones bajas en su aspiración por la cultura y, de ahí, por la política y el poder.

Porque en la Bogotá del siglo XIX la cultura era un camino hacia el poder. Incluso la gramática. El ensayista inglés Malcolm Deas estudió este fenómeno en su libro *Del poder y la gramática*, referido al modo asombroso en que esa clase dirigente relacionaba el culto al idioma español con la autoridad de la antigua metrópoli y la soberanía colonial. Los líderes que desde Bogotá establecían leyes para una nación que no conocían y menospreciaban, se pasaban las tardes estudiando los participios, las funciones pronominales y las características del habla coloquial bogotana para subrayar su pertenencia a esa tradición española de la que, aún si se habían liberado poco antes con una sangrienta guerra de independencia, seguía teniendo prestigio y era fuente de autoridad, un reflejo típico de las sociedades poscoloniales —igual que las clases altas indias con Londres, ciudad a la que siguen llamando «metrópoli».

“En la Bogotá del siglo XIX la cultura era un camino hacia el poder”

CIUDAD DE GRAMÁTICOS

Vale la pena detenerse un momento en esta pasión intelectual por la gramática en la Santa Fe de Bogotá del siglo XIX y principios del XX. ¿De dónde provino y qué la conformaba? Para algunos estudiosos podría tener relación con ciertos aspectos de la cultura judía *conversa* desde la época de Jiménez de Quesada y Federmann. En ese interés filológico se estaría manifestando la tradición hebrea del estudio y la interpretación cabalística, así como el arte de la argumentación. Hubo otra coincidencia y es que en la Europa del siglo XIX, en Alemania, surgió un gran interés por el nacimiento y la formación de las lenguas. Una pasión filológica alimentada por la idea romántica de indagar en los orígenes nacionales. Ahí se establecieron los dos troncos lingüísticos de la región del Mediterráneo: el indoeuropeo o ario, para lenguas como el latín, el griego, las sajonas y sus derivados, y el semítico, con el hebreo, el arameo y el árabe. Algo de esto pudo llegar a la lejana Bogotá, pues casi todos los grandes próceres de la política se lanzaron a este tipo de estudios. Malcolm Deas llama a este periodo «época de los gobernantes gramáticos». El caudillo liberal Rafael Uribe Uribe, por ejemplo, escribió un *Diccionario abreviado de galicismos, provincialismos y correcciones de lenguaje* de 376 páginas. Su rival conservador, Rufino José Cuervo, respondió con un tratado filológico, las *Apuntaciones críticas sobre el lenguaje bogotano*, que en 1885 tuvo cuatro ediciones, y sobre todo, dejó inconcluso su monumental *Diccionario de construcción y régimen de la lengua española*, que solo llegó a la letra «D». José Manuel Marroquín no se quedó atrás y escribió un *Tratado de ortología y ortografía castellana*.

También el hábil político conservador Miguel Antonio Caro se interesó en la filología y escribió el *Tratado del participio*, con dos ediciones, así como una *Gramática* en compañía de Rufino José Cuervo. Haciendo honores al legado filológico de estos dos gramáticos se creó el Instituto Caro y Cuervo, dedicado a estudios de filología. El presidente Miguel Abadía Méndez escribió las *Nociones de prosodia latina*, y Santiago Pérez, presidente liberal, el *Compendio de Gramática castellana*. El presidente José Vicente Concha no escribió ningún tratado, pero fue editor y librero al tiempo que presidente. Por esta herencia de gramáticos y eruditos, de latinistas y filólogos, el país también valora muchísimo la elocuencia. Incluso, hasta hace unos años, en los debates del Congreso de la República, estaba prohibido leer en el estrado.

De esta costumbre culta proviene uno de los estereotipos de Bogotá en el ámbito de los países hispanos, a la que llamaron «la Atenas de Sudamérica». Fueron dos visitantes del siglo XIX, un escritor argentino de nombre Miguel Cané y un desconocido novelista francés, Pierre d'Espagnat, los autores de ese epíteto, aunque también se le atribuye nada menos que a Alexander von Humboldt. Hay una anécdota posterior de otro visitante ilustre, el novelista español Camilo José Cela, quien aterrizó en Bogotá en 1953, pocos días después del golpe y ascenso al poder del general Gustavo Rojas Pinilla. Cela había oído hablar de esta tradición *ateniense* de la capital y como era fecundo en exageraciones escribió en una crónica que en Bogotá los lustrabotas citaban a Cervantes y a Rubén Darío y que los taxistas, al recoger a un pasajero, le preguntaban en latín: «¿Quo vadis?».

Ay, la gramática.

Sin duda es por esto que en las academias de español de Suiza o Dinamarca se dice que en Bogotá se habla «el mejor español»[3] del mundo. Podría incluso ser cierto, pero hablar no basta. Hay que saber escuchar o aprender a escuchar. Como suele suceder en los países hispanos —empezando por España—, en Colombia se habla demasiado. Aquí se podría aplicar esa buena frase del presidente español Manuel Azaña: «Si en España la gente hablara solo de lo que sabe, se produciría un gran silencio nacional». Pero el silencio, en nuestros países americanos, les pertenece a los indígenas. Ellos están en silencio y hablan muy bajo.

“Como suele suceder en los países hispanos, en Colombia se habla demasiado”

Y les gusta estar solos.

3 A veces este epíteto se extiende al habla de Colombia entera, pero a lo que se refiere es a la «variante bogotana», que se suele considerar neutra en comparación a las caribeñas.

La vieja ciudad

LA CANDELARIA

El viajero podrá comprobar que la ciudad colonial, la de los años virreinales y probablemente apacibles por vía del aislamiento geográfico, está aún presente y es visible en el céntrico barrio de La Candelaria. Es el antiguo trazado hispano: una cuadrícula en torno a una plaza central en cuyos lados están la catedral y los edificios de los poderes, el político y el judicial: el Palacio de Justicia, el Congreso de la República y la Alcaldía de Bogotá. En los tiempos coloniales se llamó plaza Mayor a imagen y semejanza de las plazas centrales de España, pero después de la independencia y ya con el mito del *libertador* en el imaginario criollo se le cambió a plaza de Bolívar. Hoy es un rectángulo repleto de palomas y vendedores ambulantes, de *loteadores de paraísos y nirvanas*[4] con una estatua del libertador en la zona central y, sobre todo, la inquietante idea de ser el corazón de

4 Célebre verso del poema «El sueño de las escalinatas», de Jorge Zalamea.

un país muy grande cuyos latidos, o el impulso de esos latidos, deben llegar hasta regiones apartadas y disímiles. Pararse en el centro y mirar hacia los cerros, cortados por el perfil de la catedral, es una imagen rotunda de la ciudad, pues casi siempre, a cualquier hora del día, están al acecho esos densos nubarrones oscuros y cargados de presagios que le han dado a Bogotá y a sus gentes su identidad adusta y severa. Las montañas, los cerros de Monserrate y Guadalupe, con su verde oscurecido, parecen formar parte de un clima psicológico más que de la topografía.

Subiendo hacia la parte alta del barrio colonial, desde la plaza, están las casas y palacios tradicionales de teja de barro, gruesos muros blancos, zaguanes y balcones de madera con macetas de flores, patios internos con fuentes de piedra. El viajero percibirá el ambiente típico del barrio tradicional de Sevilla, aunque en otoño. Ese otoño perpetuo que se vive en Bogotá. Conviene no olvidar que España se continuó y soñó a sí misma en estas latitudes inesperadas. El novelista español Javier Cercas lo dijo de un modo rotundo: «El que no conoce esto, no conoce España». El imperio español ocupó estas tierras no solo para enriquecerse con su oro; también las usó de espejo para mirarse y fantasear con su nuevo rostro, igual que los británicos proyectaron su vanagloria en el Raj indostánico de India y los portugueses en el frenesí arquitectónico de Goa. Las sociedades, como los

> **“España se continuó y soñó a sí misma en estas latitudes inesperadas”**

individuos, sufren delirios de grandeza en ciertos momentos de la Historia y la arquitectura da cuenta de esos estados febriles. Luego, fatalmente, el destino acaba por diluir toda pretensión, pues al final todos los imperios se marchitan. Les llega la *hybris*, la caída de Ícaro cuando vuela tan alto. Caen, se repliegan y resquebrajan. Pero los edificios permanecen, aunque ya no correspondan a ese anterior esplendor, y por eso visitar viejas ciudades y palacios obsoletos es también un modo de comprender el propio destino.

La Candelaria evoca esos tiempos virreinales en que la ciudad se llamaba Nueva Granada. Por eso sus calles aún tienen nombres y se han conservado, cosa anómala en una ciudad de números: calle de la Agonía, de la Paz, de Santa Isabel, del Mal Ladrón. Estos nombres, puestos por el virrey Manuel Guirior, en 1777, dan cuenta de las gestas conquistadoras españolas, nombres de santos y de algunas emociones humanas.

La Candelaria ha sido vivida de mil maneras, pues el viajero no debe olvidar que el turismo en Bogotá es cosa reciente. Desde que tengo memoria fue un barrio bohemio. Los mejores teatros estaban ahí: el Teatro Libre, el Teatro La Candelaria, el Teatro Popular de Bogotá, y el oficialísimo Teatro Colón, la sala de conciertos y espectáculos más prestigiosa de la ciudad. Además de la Biblioteca Distrital Luis Ángel Arango, un edificio que además de libros ofrece conciertos y conferencias, y que tiene en su entrada un extraordinario mural del pintor Alejandro Obregón.

En los años ochenta y para un joven de clase media como yo, ir a La Candelaria en la noche era inquietante. La aventura de salir de una zona protegida a una suerte de periferia social. ¿Por qué esta paradoja, tratándose de un barrio tan tradicional? A pesar del valor histórico y la cercanía con los palacios del poder, la plaza de Bolívar y la catedral, La Candelaria era un barrio humilde, peligroso. La gente que se movía por sus calles, en las noches, alarmaba. Contrario a las ciudades de Europa, el centro de Bogotá, que durante el día está poblado por un ejército de funcionarios y empleados que llegan en la mañana y se van a las seis de la tarde, al anochecer está a merced de una población muy distinta. Había casas de inquilinato y pensiones para inmigrantes o desplazados de la violencia y por eso se convertía en el hábitat de pedigüeños y habitantes de calle, una selva densa en la que también salían, confundidos con los demás, atracadores y bandidos. Eran otras épocas.

“En los años ochenta... La Candelaria era un barrio humilde, peligroso”

Hoy la situación ha cambiado y el barrio es más seguro. El auge del turismo lo convirtió en zona de pequeños restaurantes, galerías, teatros y bares de música, centros culturales.

Y algo más: museos.

El Guggenheim de Bilbao, de Frank Gehry, mostró hasta qué punto un museo puede transformar una ciudad. Hoy, quienes visitan España incluyen a Bilbao en su itinerario, que antes era solo una ciudad industrial dura y difícil, sin mayor atractivo. A Bogotá le pasó lo mismo con el Museo Donación Botero, tal vez el evento más determinante que ha ocurrido en La Candelaria. El artista Fernando Botero, en lo más alto de su fama, tomó la asombrosa decisión de donar su colección privada a los colombianos a través de la oficina cultural del Banco de la República. A esto se sumó una segunda donación de su propia obra, y se creó el museo en una vieja y hermosa casona del barrio, el antiguo Palacio Arzobispal, cuya transformación y mantenimiento también fueron financiados por él.

El resultado sigue siendo un milagro.

Son 85 obras de autores internacionales y 123 suyas. La más antigua es *Gitane au tambourin* (anterior a 1862) de Camille Corot, y la más reciente un óleo de Miquel Barceló, de 1998. La colección reúne a artistas destacados: Picasso, Leger, Renoir, Monet, Dalí, Giacometti, Beckmann, Freud, Calder y Bacon, Henry Moore y Vasili Kandinsky, entre otros. Es considerada una de las cinco mejores colecciones públicas de arte internacional de América Latina, pero tiene un elemento que le da un valor único, que la hace absolutamente inigualable, y es el hecho singular de ser la colección privada de un artista. No de un banquero ni de un empresario, como puede ser el caso del museo Soumaya de Ciudad de México, con las colecciones del millonario Carlos Slim, o la Frick Collection de Nueva York, con las del magnate del acero Henry Clay Frick. En este caso son las obras de un artista, lo que quiere decir que, aparte del esplendor, el conjunto es una selección hecha por un protagonista del arte del siglo xx. Este valor agregado, en términos estéticos, hace de la Donación Botero algo aún más significativo. Como el valor de la biblioteca de Hemingway o García Márquez en comparación con la de un político o empresario.

La curaduría es una obra estética que flota sobre el conjunto.

Y hay otra original situación: se trata de arte colombiano comprando arte internacional, pues los recursos con los que el maestro Botero adquirió cada una de esas obras provenían de la venta de las suyas. Y otro hecho realmente sorprendente: la entrada es gratuita. Como en el Smithsonian de Washington, uno puede ir todos los días, mañana y tarde. Quien quiera pasar la jornada frente a un cuadro, como en la novela *Maestros antiguos*, de Thomas Bernhard, puede hacerlo en la Donación Botero. Es gratis tanto para nacionales como extranjeros.

Unido a la Donación Botero están el Museo de Arte del Banco de la República y el Museo Casa de la Moneda, con una plazoleta que une las tres casas coloniales. Del otro lado está la Biblioteca Luis Ángel Arango, una de las más grandes. Está en la calle 11, entre las carreras Cuarta y Quinta, pero si uno baja una cuadra encuentra el Centro Cultural García Márquez, sede de la librería del Fondo de Cultura Económica de México, con salas de conferencias y exposiciones en un edificio diseñado por el arquitecto Rogelio Salmona. Es curioso que en esa calle de La Candelaria, la calle 11, se den cita los dos artistas internacionales más grandes de la historia de este país: Botero y García Márquez. Uno nacido en Medellín, y el otro, en Aracataca, cerca de la costa Caribe. Y fueron contemporáneos. Botero de 1932 y García Márquez de 1927. Se conocieron y tuvieron una amistad episódica, sobre todo en los años de estadía en México, al lado de otro colombiano universal, aunque menos conocido: el poeta Álvaro Mutis.

PLAZA DE BOLÍVAR

La vida de esta apacible capital en lo alto de las montañas tuvo varias sacudidas graves, y todas tuvieron que ver con la plaza de Bolívar. El corazón de la zona centro. La primera fue en 1812, cuando, por razones obvias, no se llamaba plaza de Bolívar, sino plaza Mayor. Ahí se inició la emancipación de estas tierras contra España, exactamente el 20 de julio de 1810, con lo que se conoce como «el grito de Independencia». ¿Quién dio ese grito y por qué? Fueron dos hermanos, Francisco y Antonio Morales, y un tercero, el propiciador, llamado Pantaleón Santamaría, que según dice la historia era el criollo más rico de Santa Fe de Bogotá. La estratagema de los criollos fue la siguiente: pedir prestado un florero muy valioso a un comerciante español, José Manuel Llorente, que tenía un almacén en una de las esquinas de la plaza. Como sabían que Llorente iba a decir que no, solo debían provocarlo un poco y crear un altercado, de modo que Llorente, español de pura cepa, empezara a insultar a los nacidos en tierras americanas. Esto sería en el balcón, para que llegara a oídos de la gente que estaba en la plaza, que era mucha por ser día de mercado. El florero de Llorente fue la disculpa para enardecer al pueblo contra la autoridad de España, pues del grito de ese día, en el que se pidió la independencia como único modo para evitar ser tratados como ciudadanos de segunda en las propias tierras, surgió el larguísimo camino que llevó a la independencia y la creación de la república de Colombia.

Fue, en el fondo, una revuelta de hijos de españoles nacidos en América (criollos) contra el poder directo de España. Un esquema marginalmente freudiano, si se quiere: matar al lejano padre y despojarlo de sus recursos. Suplantar la autoridad paterna. Los criollos ricos querían dirigir su propio destino y manejar la economía sin tener que reportar ganancias a la corona española. Para ello necesitaban el apoyo del pueblo raso conformado por indígenas y campesinos, a los cuales, por supuesto, los criollos menospreciaban: de cara a los autóctonos ellos sí se vanagloriaban de su origen ibérico. Necesitaban al pueblo y el pueblo estaba ahí, en la plaza. También lo necesitó el criollo Simón Bolívar para alimentar sus ejércitos y luchar contra los soldados del imperio español.

> **«Una vez expulsado el dominio ibérico, los criollos ricos se repartieron los recursos»**

A eso se le llamó «Independencia».

Pero una vez expulsado el dominio ibérico, los criollos ricos se repartieron los recursos y las tierras y devolvieron a las huestes al campo y su pobreza. Como se suele decir a la salida de misa: «Vuelve el rico a su riqueza, vuelve el pobre a su pobreza». Acá igual, pero después de una revolución libertadora. Volvió el pobre a su pobreza.

Hasta nuestros días.

EL BOGOTAZO

El otro episodio que acabó con el centro de Bogotá en llamas y una revuelta que provocó 3500 muertos en un solo día tuvo su origen a pocas cuadras de la plaza de Bolívar, sobre la carrera Séptima con avenida Jiménez: el asesinato del líder liberal Jorge Eliécer Gaitán, el 9 de abril de 1948. Era un hombre carismático, adorado por el pueblo gracias a su encendido discurso en favor de los pobres y los desposeídos, y sobre todo por ser de rasgos indígenas en una sociedad en la que el poder había sido tradicionalmente blanco, propiedad de las oligarquías criollas.

Gaitán gritaba: «¡El pueblo soy yo!», y la gente lo ovacionaba en plazas y avenidas. Por la división del partido liberal en las elecciones de 1946, el cual presentó dos candidatos, Gaitán perdió la presidencia, pero no había duda de que ganaría en las elecciones siguientes, las de 1950, pues ya había sido reconocido como jefe único del Partido Liberal.

Eran años difíciles en el mundo: Europa estaba reponiéndose de las heridas de la guerra y en América Latina predominaban las dictaduras militares. En Argentina gobernaba Juan Domingo Perón, al cual Gaitán admiraba. Como él, Perón era un líder carismático, adorado por el pueblo. Colombia era en esos años una olla a presión a punto de explotar. Cualquier leve chispa podría desencadenar el infierno, pues la violencia política entre los partidos tradicionales, el liberal y el conservador, ya había dejado miles de muertos a lo largo de varias guerras civiles entre el siglo XIX y el XX.

En el momento de los hechos fatídicos, el partido conservador ocupaba la presidencia, con Mariano Ospina Pérez.

Nada presagiaba una tragedia, todo lo contrario. El mediodía del 9 de abril de 1948 iba a ser más bien de jolgorio y celebración para el abogado criminalista Gaitán, pues la víspera había ganado un juicio bastante complicado. Por eso algunos miembros del directorio liberal vinieron a su oficina a felicitarlo, festejar el triunfo e invitarlo a almorzar.

El asesino estaba afuera, esperando, agazapado en la calle.

Cuando Jorge Eliécer Gaitán salió, conversando con su amigo Plinio Mendoza Neira, un joven llamado Juan Roa Sierra se acercó a él y le descerrajó varios tiros a quemarropa. Gaitán cayó al suelo, sangrando. Una ambulancia lo llevó al Hospital Central y allí murió a las 14:05. La multitud, enardecida, linchó al asesino y arrastró su cuerpo despedazado hasta el Palacio de San Carlos, sede del Gobierno, pues de manera intuitiva culparon al presidente Ospina Pérez. Otros recogieron la sangre de Gaitán en sus pañuelos y la guardaron como reliquia.

Y empezó el desastre, se desencadenó el infierno.

Policías y soldados contra las masas enloquecidas de rabia y dolor. Hubo incendios, explosiones, muertos en la calle, francotiradores, saqueos.

Ciento cuarenta y dos casas y edificios quedaron destruidos y hubo algo más de tres mil muertos. Por una casualidad, Fidel Castro estaba en Bogotá como delegado estudiantil de su universidad en un encuentro internacional, y algo aún más asombroso: tenía cita con Jorge Eliécer Gaitán justo esa misma tarde del 9 de abril. Una cita que debió ser suspendida por el magnicidio. El joven Fidel vio las masas agitadas y se puso de su lado. Llegó a tomarse un cuartel de la policía y se uniformó para combatir, pero muy rápido comprendió que era un estallido de rabia, sin otro objetivo que la venganza por la muerte del líder, y que no iría más allá de la destrucción y la ebriedad. De cualquier modo, siempre lo recordará como su primera experiencia de masas. También García Márquez estaba en Bogotá, aunque lejos del centro, e incluso el poeta cubano Nicolás Guillén. No se conocían en esos años estos tres hombres que luego serían tan cercanos.

Los autores intelectuales del asesinato de Gaitán siguen siendo un misterio, hasta hoy, pues el asesino murió sin ser antes interrogado. Juan Roa Sierra. Un personaje gris que había buscado la ayuda de Gaitán en varias ocasiones para obtener trabajos. Supuestamente lo admiraba. El pueblo culpó al gobierno conservador, pero esto nunca se demostró de forma concluyente. Hay también una hipótesis vaga que involucra a la CIA, argumentando que a Estados Unidos no le convenía que en Colombia hubiera un presidente liberal de tendencia socialista.

El enigma, como el de Kennedy, continúa hasta nuestros días, y sobre la carrera Séptima, en el número 14/35, donde quedaba el antiguo edificio Agustín Nieto, hay algunas placas bastante descoloridas, por lo general cubiertas con afiches publicitarios, que recuerdan el lugar en el que empezó la VIOLENCIA con mayúsculas, la gran violencia que debía tragarse la segunda mitad del siglo XX y parte del XXI.

TOMA DEL PALACIO DE JUSTICIA

El tercer episodio impactante que ocurrió en la plaza de Bolívar fue en 1985, exactamente el 6 de noviembre. Ese día, muy temprano, un comando del grupo guerrillero Movimiento 19 de Abril, M-19, entró por la fuerza a las instalaciones del Palacio de Justicia y tomó como rehenes a 350 personas entre magistrados, consejeros de Estado, servidores judiciales, empleados y visitantes. La reacción de la policía y el ejército no se hizo esperar dando inicio a un fuertísimo combate, como de guerra mundial, con tanques de guerra derribando puertas y disparando hacia el interior del palacio, que se prolongó durante 28 larguísimas horas y en el que murieron 112 personas, incluyendo a 11 magistrados de la corte, y que dejó el edificio completamente destruido, tanto por el fragor de la batalla como por un devastador incendio. Fue uno de los momentos más tristes de la historia del país y de la ciudad.

La delirante idea del M-19 era usar a los rehenes para obtener un alto el fuego y, a continuación, montar un campamento en el Palacio de Justicia y hacerle un juicio político y público al proceso de paz que se estaba negociando con el gobierno. Con esta premisa se lanzaron a la aventura convencidos de que el gobierno aceptaría sus condiciones. Pero subestimaron al ejército que se negó a cualquier tipo de diálogo y dio la orden de entrar a sangre y fuego. Para ello encerró e incomunicó al presidente en su oficina —en la práctica fue un golpe de Estado del general Miguel Vega Uribe— y, con las manos libres, se comportó como cualquier regimiento latinoamericano de país tropical: pólvora y bala, nada más. Si desde el punto de vista del M-19 la *toma* fue una acción irresponsable, fanática y criminal, desde la del ejército la *retoma* fue ni más ni menos que un festín de sangre, una tenebrosa noche de Walpurgis con metralla y esquirlas, y un corte en la yugular a la misma democracia que, por mandato constitucional, tenían la obligación de defender. En el fragor del combate la tropa acabó torturando y asesinando a los civiles a quienes debía proteger. La orden era considerarlos a todos sospechosos: todos podrían ser cómplices, guerrilleros conjurados. Muchas personas que salieron vivas del Palacio y que el ejército se llevó a paradero desconocido fueron encontradas años después en fosas comunes. Algunos magistrados que lograron salir, y cuya salida está documentada en

“Muchas personas que salieron vivas del Palacio y que el ejército se llevó a paradero desconocido fueron encontradas años después en fosas comunes”

fotos y videos de prensa, aparecieron después entre los escombros. ¿Zombis que regresan? Evidentemente llevaron de vuelta sus cadáveres. Fue tal el frenesí que el ejército fue a buscar sobrevivientes a los hospitales y se los llevó, incluso sacándolos de quirófanos. Personas de las que nunca más se supo. El M-19 cometió un gravísimo atentado, pero el ejército y la policía perpetraron una inocultable masacre y por eso, años después, fueron juzgados.

Yo acababa de llegar a Madrid a estudiar Filología Hispánica en la Universidad Complutense y vi por televisión, en los noticieros españoles, las imágenes de los tanques entrando por el portón del palacio y disparando. Mi pobre ciudad, en el último rincón del mundo, saltaba a las primeras planas por su violencia, por su triste carácter destructivo. Los pobres solo son importantes cuando mueren o cuando se matan entre sí, a condición de que haya algún tipo de espectacularidad. La muerte importa más cuando trae anécdota y es inusualmente shakespeareana.

Al terminar la batalla, el palacio quedó convertido en una montaña de escombros humeantes y la plaza de Bolívar en un enorme camposanto. Se cerró el acceso durante meses y el área se consideró «escena del crimen». La herida en el corazón de la ciudad duró años, pues la reconstrucción fue lenta. Aún hoy sigue en la memoria. Cada familia tiene una anécdota. Mi abuelo materno, Gustavo Samper Bernal, abogado, solía dejar su carro en los parqueaderos del Palacio. Lo hizo también ese día, para ir después a pie a su oficina, que estaba en la calle 13. Él era una persona sumamente hermética y nunca quiso contar lo que había visto. Tardó horas en volver a la casa y cuando por fin apareció, le faltaba un zapato. Pero nunca dijo nada. Su carro, un Fiat Mirafiori blanco, permaneció en los parqueaderos del Palacio por muchos días, intacto, pues increíblemente en los sótanos no pasó nada.

LA PLAZA DE BOLÍVAR HOY: DEMOCRACIA Y PAZ.

¿Qué significa esta plaza en el imaginario de hoy? Es el símbolo de la democracia y, al mismo tiempo, el espacio de debate del principal desafío de la sociedad colombiana en el siglo XXI: el logro de la paz. Ya vimos cómo el «grito de independencia», el asesinato de Gaitán y la toma del Palacio de Justicia determinaron la historia de nuestra democracia, que tiene ahí sus principales símbolos, visibles en lo urbanístico: el Capitolio, que es la sede del Congreso de la República, está frente al palacio de Justicia. Sur y norte, respectivamente. Esto indica que el poder legislativo y el judicial se miran las caras sobre la superficie espejeante de la plaza. Se vigilan, se cuidan. Detrás del Capitolio, hacia el sur, está la Casa de Nariño, residencia oficial y sede de trabajo del presidente de la República. El poder ejecutivo. Por eso es en la plaza de Bolívar, cada 4 años, donde se celebra la ceremonia de investidura del nuevo presidente.

En los costados occidental y oriental están representados otros poderes: el palacio de Liévano, al occidente, es la sede de la alcaldía de Bogotá; y al oriente, la catedral primada, cuartel general de ese otro poder paralelo, el de la Iglesia católica, tan fuerte a lo largo de la historia del país, aún si desde 1993, con la nueva Constitución, Colombia eligió ser un país laico.

Pero el espacio físico de la plaza, ese rectángulo plano presidido por la estatua del libertador, es la sede del poder más importante del país: el del llamado «constituyente primario», es decir el pueblo. Ahí se congregan las más poderosas manifestaciones populares, de rechazo o adhesión a los gobiernos, y llenar la plaza de Bolívar se considera un éxito. A pesar de no ser muy grande. Se calcula que le caben unas 55 000 personas.

La plaza es el termómetro que todo lo mide.

Por eso ha sido el espacio simbólico del principal empeño social y político del presente: el logro de la paz. Ahí se hicieron las más grandes manifestaciones de apoyo al Acuerdo de Paz del presidente Juan Manuel Santos con la guerrilla de las FARC (Fuerzas Armadas Revolucionarias de Colombia), en 2016, y allí también se congregaron sus opositores, instigados por la ultraderecha colombiana, que veía en el Acuerdo una concesión exagerada a los grupos de izquierda y que, en un primer momento, lograron vencer en un plebiscito con el NO al Acuerdo —fue el mismo fatídico semestre de 2016 del *brexit* y de la victoria de Trump en EE. UU.—. Por fortuna el gobierno logró negociar ciertos cambios con la oposición, y que estos fueran aceptados por las FARC, lo que permitió que el Acuerdo fuera refrendado con modificaciones por el Congreso antes del fin de ese año.

Una breve nota sobre las FARC. Esta guerrilla nació en la década de los años 50, producto de los enfrentamientos políticos entre liberales y conservadores, y, en los años 60, adoptó la doctrina marxista y comunista. Llegó a controlar amplias zonas del país convirtiéndose en la única autoridad allí donde no llegaba nunca el Estado, al cual suplantó en esas regiones abandonadas —caso de la Amazonía, el Putumayo, el Caquetá y el Vaupés, regiones selváticas y lejanas de las ciudades—, imponiendo su propia ley y participando en la vida de los habitantes a través de escuelas e incluso centros de salud, pero reclutando a los jóvenes a la fuerza. En su momento de más fuerza acumuló alrededor de 20 000 combatientes. El primer acercamiento para un diálogo de paz fue en 1998, durante el gobierno del conservador Andrés Pastrana, pero fue un intento fallido. La práctica del secuestro para financiarse a partir de los años 90 —entre ellos, el sonado caso de la candidata presidencial Ingrid Betancourt— y su participación en el negocio del narcotráfico sumieron a las FARC en el desprestigio y el repudio social, y solo se logró su desmovilización en el 2016 a través de un proceso de paz liderado por el presidente Juan Manuel Santos y el jefe guerrillero Rodrigo Londoño, alias Timochenko.

LA AVENIDA JIMÉNEZ

Muchas de las librerías de mi adolescencia desaparecieron con los años, lo que supuso un cambio abrupto —uno más— en el mapa espiritual de mi ciudad, hoy más imaginada que recordada: la Bogotá de fines de los años setenta y primeros ochenta. Pero hay algunas que aún sobreviven y por eso voy con frecuencia a visitarlas. Mi itinerario de joven letraherido[5] era casi igual al que sigo haciendo hoy, pues me lleva invariablemente a la avenida Jiménez con carrera Cuarta, a la Librería Lerner. Antes de entrar recuerdo el aroma de sus expositores de madera recién lacados, un olor a resina y a ese polvo que se deposita en el papel de los libros. Hoy la librería sigue siendo enorme y los dependientes, como los de antes, parecen profesores de literatura. Miro los libros nuevos, reviso catálogos, y me parece verme años atrás, buscando *La balada del viejo marinero*, de Samuel Taylor Coleridge o la traducción al español, en Alianza Editorial, de *Relato de Arthur Gordon Pym*, de Poe.

En esa época había algo casi mágico: una escalera de caracol, también en madera, descendía a lo que ellos denominaban «El sótano de los descuentos». Bajar ahí era abolir el tiempo, llegar sediento a un anhelado oasis, tocar tierra firme para el náufrago errante en el mar. No quiero exagerar evocando el descenso al Hades de Odiseo, aunque sería más parecido al viaje de Dante, al *Inferno*, de la mano de Virgilio. Ahí abajo estaban los libros que llevaban demasiado tiempo sin venderse y sus precios eran viejos o descontados. ¡Albricia! Cuánto me alegré del desinterés literario de mis conciudadanos al encontrar allí verdaderos tesoros, resplandecientes figuras de jade: los

5 Del catalán «lletraferit».

Diarios de Gombrowicz, dos tomos en editorial Alianza. Las *Memorias* de Lou Andreas Salomé. Novelas de Graham Greene, Robert Graves y André Gide. Y un libro que adoro desde mi adolescencia: *Adiós a Berlín*, de Christopher Isherwood, en una vieja edición de Seix Barral, traducido por el poeta Jaime Gil de Biedma. Ese sótano era como el cofre de los Nibelungos, con joyas imposibles de cuantificar.

Hoy ya no se encuentran tantos descuentos ni viejas ediciones, pero a cambio es posible encontrar con pocos días de diferencia las mismas novedades que salen a librerías en España, Argentina o México, que, junto con Colombia, son las potencias editoriales del idioma español. Y esto es algo que no tiene precio y que contrasta enormemente con el pasado, cuando teníamos que esperar meses la llegada de un libro.

Al salir de nuevo, ya entrada la tarde y provisto de un buen paquete debajo del brazo, encuentro las luces recién encendidas de la avenida Jiménez.

Momento ideal para dar un paseo.

Lo mejor es bajar[6] en dirección a la Carrera Séptima y detenerse en la plazoleta de la Universidad El Rosario, siempre poblada por varios tipos de personajes: los rubicundos estudiantes, muchachos de clase alta que en esa zona están lejos de su espacio vital, que es el Norte rico, pero que, por eso mismo, aprenden algo de democracia al tratar con gente menos favorecida. Y a su lado, deambulando, los *esmeralderos*, los

6 Esto de «bajar» o «subir» como indicación, en cualquier ciudad, suele ser subjetivo. Pero en Bogotá, por estar pegada a los altos cerros orientales, es realmente algo muy preciso.

comerciantes informales de la célebre esmeralda de la que Colombia es primer productor mundial gracias a las minas de Muzo, Coscuez y Chivor,[7] y único país en el que se encuentra la rarísima «esmeralda trapiche», con su extraña forma de estrella por el crecimiento del cristal en varias direcciones.

En la plazoleta está el Café Pasaje, lugar colorido y lleno de animación en el que los estudiantes —los que no están en los billares— se dedican al sutil arte de tomar tinto (café) y hablar paja, es decir, de cualquier cosa mientras pasa el tiempo y van circulando entre las mesas los vendedores de lotería y los emboladores. Ahí están también los edificios Cabal y Santa Fe, de elegante arquitectura republicana, y justo al frente el callejón que lleva al parque Santander, con el Museo del Oro y la antigua sede del Gun Club de Bogotá.

❝ Colombia es el único país en el que se encuentra la rarísima «esmeralda trapiche», con su extraña forma de estrella ❞

Ya que se habla de cafés, vale recordar el más importante y casi mítico, el café El Automático, diagonal a la plazoleta del Rosario sobre la carrera Quinta, que abrió en 1948, después del 9 de abril y la destrucción del Centro, y duró hasta finales de los años cincuenta. ¿Qué había en El Automático? Fue el reino de la intelectualidad del país. De quienes vivían

7 Municipios del departamento de Boyacá, a 185 kilómetros de la capital en dirección norte.

en Bogotá, se entiende. Escritores, periodistas, pintores, políticos, ajedrecistas, todos se encontraban en ese lugar para tomar tinto y beber diferentes alcoholes, según el horario, hasta que la noche les cerrara las puertas, en la misma tradición europea del café de artistas. El joven Gabriel García Márquez fue uno de sus asiduos, pues quedaba casi al frente del edificio del periódico *El Espectador* en el que trabajó en los años cincuenta, y equidistante del otro periódico de la capital, *El Tiempo*, en la esquina sur oriental de la Séptima con avenida Jiménez. Además de ser lugar de tertulia, el propietario dejaba a los pintores colgar sus cuadros, lo que lo convirtió en galería de nuevos talentos. Dicen que por ahí pasó el pintor Fernando Botero. Fue tal la efervescencia del Automático que llevó a algún cronista romántico a considerar que la Jiménez, en ese punto, era el «Montmartre bogotano». Este tipo de café bar, pero unido a librería, siguió existiendo en Bogotá, aunque en otros sectores de la ciudad y con formatos diferentes. Tal vez el más frecuentado por escritores y artistas, hoy, sea el nuevo Bar y Librería Ficciones, en la calle 68 con carrera Octava, en la zona de Chapinero, creado por la antigua directora de la Biblioteca Nacional, en el que se hacen presentaciones de libros y veladas literarias que duran hasta altas horas de la noche. Un bar con horario de poetas.

De cualquier modo, la avenida Jiménez es la gran arteria de la vieja ciudad. Se construyó a principios del siglo XX sobre el relleno del lecho del río San

Francisco, que era el más caudaloso de la sabana. Ese río trazaba una línea —hoy llamada Eje Ambiental— que baja de los cerros y que, al igual que la plaza de Bolívar, concentra parte de la historia capitalina. El trazado comienza en la estación del teleférico que sube a Monserrate, baja hasta la iglesia de Las Aguas, en la carrera Primera, frente a la Universidad de Los Andes y la estatua de la mártir Policarpa Salavarrieta; continúa al lado del edificio del Instituto Colombo Americano y llega al templete del parque de los Periodistas. Evocar ese recorrido obliga al recuerdo de los edificios históricos y su leyenda. Ahí, en la carrera Tercera, está el fantasma del antiguo Hotel Continental, obra del arquitecto italiano Vicente Nasi y que era uno de los más elegantes de la ciudad. En su restaurante y más probablemente en su fastuoso bar se decidieron muchos de los acuerdos y componendas políticas de mediados de siglo. Era un edificio curvilíneo sobre la Jiménez que fue elogiado nada menos que por el arquitecto suizo Le Corbusier en su visita a Bogotá, en 1947.

Y otro fantasma arquitectónico —en una ciudad poblada de fantasmas— muy cerca de ahí: el antiguo Teatro Popular de Bogotá, el TPB, donde de joven fui a ver obras como *I took Panama*, una creación colectiva sobre la independencia del istmo de Panamá y el presidente Roosevelt, y otras maravillas como *La muerte de un viajante*, de Arthur Miller, *Volpone o el zorro*, de Ben Jonson, *El Tartufo*, de Molière o *Romance de lobos*, de Valle-Inclán.

Pero volvamos a los edificios de la avenida Jiménez y aledaños, donde se concentra gran parte de lo mejor que tiene la ciudad en términos de arquitectura. Está por supuesto la iglesia de San Francisco, la más antigua de Bogotá —1550, 1557—. También el edificio del Banco de la República, de 1958, diseñado por Alfredo Rodríguez Orgaz y con relieves del italiano Vico Consorti en su fachada principal; o el antiguo edificio del periódico *El Tiempo*, también de 1958, del arquitecto italiano Bruno Violi y que en la actualidad es sede del canal de televisión local City TV.

Está también el edificio Henry Faux, de 1945, diseñado por el arquitecto y urbanista español Santiago Esteban de la Mora, considerado icono del modernismo arquitectónico del siglo xx. En su fachada norte, sobre la carrera Séptima, fue el asesinato de Jorge Eliécer Gaitán. También el edificio Pedro A. López, de 1919-1924, diseñado por Robert Farrington y construido por Fred T. y Harold Ley, que actualmente alberga las oficinas del Ministerio de Agricultura.

PLAZOLETA DE SAN VICTORINO

La última etapa de este paseo por la Jiménez, siempre de espaldas a los cerros, es de nuevo nostálgica. Otro espacio fantasma. En la memoria resuena la algarabía y el ambiente de bazar árabe de la vieja Plazoleta de San Victorino, en el cruce de la avenida con la carrera Once, que en la época antigua de Bogotá era la salida de la ciudad hacia el Occidente y que, por eso mismo, fue siempre lugar de comercio, encuentro de personas que venían de otras partes. La comunidad sirio libanesa en Bogotá, los llamados «turcos»,[8] tuvieron su hábitat en las galerías comerciales Antonio Nariño, un entramado de casetas de madera montadas sobre la plazoleta. Ahí podía conseguirse absolutamente todo a buen precio. «Si no se consigue en San Victorino, no existe», era el lema.

Gracias a estos inmigrantes árabes y su olfato para los negocios, San Victorino se convirtió en el gran mercado textil de la ciudad y el mayor centro de distribución de moda mayorista de Colombia, abasteciendo a comerciantes de pueblos y ciudades intermedias y a empresarios provenientes de Ecuador, Bolivia y Perú. Pero el sistema del bazar en casetas de madera acabó por crear problemas de inseguridad y la plazoleta fue reformada en 1999, llevándose ese comercio a galerías comerciales construidas en los edificios aledaños.

❝ Si no se consigue en San Victorino, no existe ❞

Hubo una transformación.

Gran parte de los negocios de marcas finas se fueron al Norte de la ciudad, pero San Victorino siguió siendo una buena plaza por sus precios bajos. Tanto que llamó la atención de los comerciantes chinos, que inicialmente eran solo proveedores. Los orientales pusieron sus ojos en el lugar e instalaron puntos de venta propios, lo que llevó a un pequeño *boom* de empresarios

8 En Colombia se llamó «turcos» a los inmigrantes sirio libaneses, pues al estar su región dominada por el Imperio otomano estos desembarcaban en el puerto de Barranquilla con pasaportes turcos.

chinos en el sector. Inicialmente las ganancias fueron millonarias y la convivencia con los locales bastante amigable. Hasta que llegó la crisis económica, que encareció enormemente los productos colombianos a favor de los chinos. Y entonces los locales le declararon la guerra a los asiáticos. La guerra comercial. Así estallaron revueltas y manifestaciones que hicieron que los asiáticos fueran a ubicarse a otras zonas de la ciudad.

Hoy su nombre varió un poco. Ahora se llama Plazoleta de La Mariposa de San Victorino por la escultura de una mariposa en el centro del parque, del artista Edgar Negret.

EL EDIFICIO DE AVIANCA

Una de las tragedias más simbólicas y tristes de la ciudad fue el incendio del edificio de Avianca, en julio de 1973, un hecho que se vivió como el preludio de que algo malo estaba por venir, una especie de canto fatuo. Era el edificio más alto de la ciudad, con 160 metros de altura y 41 pisos. Los bogotanos nos referíamos a él con orgullo llamándolo «nuestro rascacielos», pues significaba la entrada a una modernidad y a una era de progreso que traería tiempos mejores, y además representaba a la compañía aérea que llevaba el nombre del país en los cielos del mundo: Aerovías Nacionales de Colombia (Avianca). El edificio está aún hoy en la calle 16 con carrera Séptima, en el costado norte del parque Santander, sobre el antiguo predio del demolido Hotel Regina.

El incendio estalló el 23 de julio poco después de las 7 de la mañana, y se inició en el piso 14. Había allí una especie de almacén en el que se guardaban productos inflamables, alfombras y sobre todo gasolina. Un despropósito. Una mezcla explosiva que acabó por atraer el infierno. Tras una primera explosión hubo lenguas de fuego asomando por las ventanas y el fuego se propagó con fuerza. Se dio la alarma y los trabajadores intentaron sofocar las llamas con baldes y extintores, pero sin éxito, y muy rápido llegaron los bomberos, con la mala suerte de que las mangueras solo lograban llegar con sus chorros de agua hasta el piso 12 —*such is life in the Tropics!*—. Así el poderoso fuego, nutrido por todo lo que encontraba a su paso, progresó rápidamente desde el piso 14 hasta el 37. La gente que a esa hora se hallaba en el edificio subió por las escaleras hasta la azotea, donde fueron rescatados por helicópteros que también lanzaban torrentes de agua. En la calle, grupos de voluntarios extendieron enormes avisos en sábanas que decían «¡Suban!». Algunas personas sufrieron ataques de pánico y, ante la disyuntiva, se lanzaron al vacío. Un gesto que podría haberse evitado, según se supo después, de haber seguido las consignas de seguridad. De cualquier modo el siniestro dejó 4 muertos y 63 heridos, lo que, dada la magnitud del accidente, parece un saldo relativamente bajo. La estructura no sufrió daños considerables.

Por ser algo tan inusual, en día lunes de vacaciones de mitad de año, fuimos a mirar el incendio desde los cerros orientales. Mis padres nos llevaron a mi hermano y a mí a ver las operaciones de rescate desde la avenida circunvalar, donde ya había muchos carros parquedos y gente con binoculares y cámaras. Un espectáculo doloroso, inquietante. Vimos las columnas de humo alzarse hacia las nubes, ladeándose de acuerdo a los caprichos del viento; la mole del edificio ennegrecido, el fuego y los helicópteros que iban y venían llevando gente y echando agua. Es curioso, incluso emblemático, que no llegara la lluvia. Siendo una capital pasada por agua la mayor parte del año, la suerte parecía una vez más confabularse en contra. Esos tenebrosos nubarrones que penden como espada de Damocles sobre la ciudad brillaron por su ausencia el único día en que habrían podido salvarnos.

> **“Ver el incendio era la confirmación de que no estábamos hechos ni para la modernidad ni para el progreso”**

Si era un espectáculo tan duro, ¿por qué nos llevaron a verlo?

Yo era un niño y no lo sé, pero imagino que para esa percepción desdichada y triste que el bogotano tenía de sí mismo, ver el incendio era la confirmación de que no estábamos hechos ni para la modernidad ni para el progreso, y que lo único que nos quedaba era esa especie de Edad Media espiritual y económica que en esos años se llamaba Tercer Mundo. De forma cuasi irónica, al año siguiente llegó a las salas de cine la famosa película *Infierno en la Torre,* con Paul Newman, Steve McQueen y Faye Donway, sobre un incendio en una colosal torre de San Francisco, y todos la vimos —yo era un niño, pero fui— con la imagen del edificio de Avianca en las retinas. El incendio del film es consecuencia de la corrupción de uno de los constructores, que usó materiales peligrosos, y se cuestiona la necesidad de erigir estos desafíos arquitectónicos. Frente a los restos carbonizados del edificio, Paul Newman dice: «No sé, tal vez debieran dejarlo así, como un monumento a la ambición humana». Esa ambición que la mitología griega castiga con la *hybris*. Ícaro que se desploma por querer volar tan alto.

A pesar de que el edificio de Avianca sigue ahí, hoy Bogotá tiene otros rascacielos más osados y ambiciosos. El más alto, nuestro Burj Khalifa local, es la torre sur del Edificio BD Bacatá, con 216 metros de altura. No es mucho, pero si se le suman los 2650 de la ciudad podría ser una de las experiencias urbanas más encumbradas del mundo.

MONSERRATE Y GUADALUPE

Muchas ciudades del mundo tienen un símbolo que las identifica. La Torre Eiffel, el London Bridge, el Empire State Building, el Coliseo, la Puerta de Alcalá o la de Brandemburgo, la Casa Blanca, en fin. Es la imagen de los *souvenirs* que los turistas compran en mil variadas formas: como llavero, imán para pegar en la puerta de la nevera, estatuilla o pisapapeles, jarra de café o estampado en camisetas y gorras. En América Latina, por no haber tenido Edad Media ni Renacimiento, las ciudades tienen símbolos de otro tipo. Tal vez los más canónicos sean el que representa a Río de Janeiro con su imagen del Cristo del Corcovado en lo alto del cerro, y las pirámides de Teotihuacán en México. Pero ¿qué representa a Lima, Quito o Santiago? Incluso Buenos Aires o La Habana, ¿qué edificio o monumento las evoca? Hay imágenes de otro orden: la cara del Che Guevara o de Fidel en La Habana; el bailarín de tango en Buenos Aires, el objeto precolombino incaico o el pisco *sour* de Chile y Perú. Son estereotipos que representan algo conocido de cada nación.

En el caso de Colombia, lo que más se ve en las casetas de artesanías son las célebres *chivas*, esos buses populares sin ventanas y con gran parte de la carrocería en madera usados en zonas campesinas, cuyo techo suele estar repleto de mercado y racimos de frutas; también el *jeep* Willies de las zonas cafeteras; las mochilas *wayuu* y *arhuacas* y las caprichosas reproducciones de esculturas de Botero en cerámica o madera, así como las de la balsa muisca o el *poporo* quimbaya, del Museo del Oro. Hay también una imagen —hoy diríamos un *meme*— dirigida a los norteamericanos que es a la vez una burla y la constatación de nuestro complejo de inferioridad, y que dice: «It's Colombia, not Columbia». Pero lo más nuevo, asombroso y un poco vergonzante, tiene que ver con uno de los estereotipos negativos del país: la cédula de ciudadanía de Pablo Escobar. En otras palabras: el narcotráfico, ese comercio ilegal que el mundo entero asocia a Colombia, aún si hoy los mayores exportadores son los carteles mexicanos. Por doloroso que esto pueda ser para cualquier colombiano, la imagen de

Pablo Escobar se ha convertido en leyenda y, lo peor, goza de un cierto aspecto libertario e incluso bohemio o *progre* en Europa. Sobre todo para aquellos turistas que vienen al país atraídos por el bajo precio y la pureza de la droga. Su éxito es innegable. Basta asomarse a las casetas de artesanía de la plazoleta del Rosario o La Candelaria y ahí está el documento de identidad de Escobar reproducido en llaveros, tazas, gorras y camisetas.

“La imagen de Pablo Escobar se ha convertido en leyenda”

¿Qué podría representar a Bogotá? Son poco conocidos en el mundo, pero ahí están los cerros de Monserrate y Guadalupe, los dos gigantes tutelares que coronan las montañas de la ciudad. Un rasgo, por cierto, que la emparenta con ciudades lejanas como Santiago de Chile o Teherán, aunque, por estar en el trópico, nuestras montañas nunca se cubren de nieve a pesar de sus cimas altas. Monserrate está a 3150 metros, y Guadalupe, a 3360.

Monserrate es el más unido a la vida de la ciudad, con su basílica del Señor de Monserrate, su calle comercial y sus restaurantes. Los domingos miles de peregrinos suben a pie los 2,5 kilómetros del arduo camino dándole un sentido religioso a su esfuerzo. Las edificaciones del cerro son bastante antiguas. Las primeras ermitas del santuario datan de 1620. Primero una capilla dedicada a la Santa Cruz de Monserrate y luego el monasterio a Santa María de la Cruz de Monserrate, evocando y reproduciendo la cartuja de Santa María del Paular de Segovia. En esto se ve cómo los prelados querían convertir estas tierras en un espejo de su anhelada España. Para mirarse en él, reconocerse y, de paso, ensanchar el reino de los cielos en estas tierras, antes olvidadas —según ellos— de Dios, y nuevas para la Iglesia. Pero el espejo echó raíces y su reflejo fue cada vez más deformante, hasta convertirse en otra realidad.

En la misma época, hacia 1650, se adecuó el camino que va de la ciudad hasta la cima con pequeñas capillas intermedias para los peregrinos. El paso de los siglos hizo crecer la devoción y se erigió también un santuario al Señor Caído de Monserrate, que se destruyó en el terremoto de 1917. Se rehízo en 1920, en una versión neoclásica.

Los peregrinos menos ágiles o con problemas cardíacos pueden subir al santuario usando dos métodos: el teleférico o el funicular, con carros diseñados para apreciar la imponente perspectiva a medida que se sube. También quienes van a cenar a los sofisticados restaurantes, que además de la comida *gourmet* ofrecen la mejor vista de la ciudad. «Si tu destino es Bogotá, al llegar —ya sea por tierra o por aire— verás una cordillera coronada en uno de sus cerros por una basílica que se ha convertido en el símbolo de la capital colombiana: Monserrate». Así lo escribió el cartógrafo y geógrafo Francisco Javier Vergara y Velasco, en 1901.

En cuanto a Guadalupe, al lado sur de Monserrate y con el que forma una suerte de portón imaginario de la ciudad, también se inició con una ermita en el año 1656, consagrada a Nuestra Señora de Guadalupe. La pequeña capilla se destruyó sucesivamente en varios terremotos y así quedó hasta 1945, cuando la arquidiócesis de Bogotá decidió reconstruirla y erigir en su cima la estatua de la Virgen Inmaculada, obra del escultor Gustavo Arcila Uribe.

Las ciudades con montañas tienen una ventaja y es que uno siempre sabe dónde está. Es imposible perderse. Cuando de joven fui a estudiar a Madrid, vivía sin saber dónde estaba. Al mirar hacia arriba la única referencia eran los techos de los edificios. ¿Dónde estoy? Las montañas eran mis puntos cardinales y las había perdido.

“Las ciudades con montañas tienen una ventaja y es que uno siempre sabe dónde está”

CHRISTOPHER ISHERWOOD LLEGA A LA CAPITAL

Uno de mis cronistas de viaje y escritores preferidos es Christopher Isherwood, autor de un libro clásico y casi diría mítico: *Adiós a Berlín*, que inspiró el bello film *Cabaret*, de Bob Fosse, con una Liza Minelli de piernas infinitas. A este libro se suman *La violeta del práter*, *Historias de Berlín*, *Un hombre soltero*, y varios volúmenes de escritos biográficos, diarios de viaje y crónicas. Un genio aventurero que estuvo en China, con su amigo el poeta W. H. Auden, durante la guerra contra la invasión japonesa de la Manchuria, y que le dio la vuelta a medio mundo en viajes de los que dejó registradas sus impresiones.

Este noble escritor llegó a Bogotá el 12 de octubre de 1947 —según consigna en su diario, *El cóndor y las vacas*— procedente de Barranquilla y Cartagena, después de una travesía por el río Magdalena. Desembarcó en Puerto Salgar y allí tomó el ferrocarril que lo subió hasta la sabana. Sus impresiones de llegada son de un gran valor. Dice que Bogotá es «melancólica», tal vez por el clima frío y los cielos grises. Se aloja en el Hotel Astor, del Centro. Pero me detengo un momento en su apreciación de «ciudad melancólica». Es verdad que llegó un domingo, que suele ser un día familiar, de reposo, y que provoca una especial pesadumbre. Las calles y los cafés debían estar solitarios; las calles, desiertas. Era 12 de octubre, día feriado que conmemora la llegada de Colón a América. Isherwood venía del jolgorio, y la música, de la costa Atlántica y las poblaciones ribereñas del Magdalena; desde ese contexto, el gris de la sabana solo puede ser lúgubre.

Sus primeras impresiones son tremendas. Hablando de la carrera Séptima, dice: «No tiene carácter, fuera de una ostentación norteamericana superficial». Aborrece la influencia de Estados Unidos y su pluma es implacable: «Hay unas casas magníficas, es cierto, pero el efecto general es de una deprimente falta de distinción. En ninguna parte pudimos ver ni siquiera un estilo nacional moderno, aunque fuera malo. Las casas españolas parecen más de California que españolas. Y hay hileras de espurias casas Tudor que deben clasificar como las más feas de su clase en todo el mundo. En medio de este país bárbaro, en gran parte subdesarrollado, los arquitectos británicos y americanos y sus discípulos se las han arreglado para crear un oasis de aburrimiento respetable, un ambiente de insípida seguridad, tan descolorido como cualquier cosa en las afueras de Londres». Se refiere a las «casas inglesas» de Bogotá.

Por fin, al día siguiente de su llegada, Isherwood puede apreciar la ciudad en un día de diario, normal, y ahora el centro le entusiasma. Le gustó la plaza de Bolívar y menciona algo que me deja perplejo: «En ninguna otra parte he visto más librerías». Y agrega: «Fuera de docenas de autores latinoamericanos de los que nunca he oído hablar, tienen un surtido de innumerables traducciones —cualquier cosa, desde Platón hasta Louis Bromfield—». Al entrar a las apreciaciones culturales volvemos a encontrar ese viejo mito que envuelve a la capital. Dice: «Bogotá, por supuesto, es famosa por su cultura. Hay un decir, mencionado por John Gunther, según el cual hasta los pequeños limpiabotas citan a Proust».

Pero el mito cultural de Bogotá es visto desde otros ángulos. Un profesor británico al que conoce le da a Isherwood la siguiente opinión: «Los intelectuales colombianos son grandes citadores. Les cuesta trabajo pensar independientemente. Leen muchas cosas extranjeras, sobre todo francesas». Este comentario genera una duda: ¿le molestaba a los anglosajones un cierto predominio de la cultura francesa en estas tierras? Es posible. Las élites bogotanas de la primera mitad del siglo xx apreciaban la sofisticación y el carisma de Londres en muchos aspectos —la arquitectura, la elegancia, el refinamiento—, pero siempre tuvieron a París como el centro de sus referencias culturales. Y no solo en las artes. También en la tradición administrativa y política: el concepto de República, el presidencialismo, el Consejo de Estado y otras instituciones de Colombia son calcadas de la República Francesa. No hay que olvidar cuánto se leyó por acá a Chateaubriand y a Víctor Hugo.

Pero volviendo a Isherwood, conoció de cerca a grandes personalidades. Vio varias veces y escuchó hablar a Jorge Eliécer Gaitán; le presentaron al poeta León de Greiff y a Alberto Zalamea Borda, y también a Eduardo Carranza y a los poetas «piedracielistas» —movimiento poético al que perteneció mi tío abuelo, Darío Samper—; charló con Luis Cano, director del diario *El Espectador* —del que soy columnista hace 12 años—, e incluso con Lucas Caballero, el gran humorista político. Recorrió la ciudad por todos lados e incluso fue al Salto del Tequendama. Supo de la tradición de los suicidas en ese lugar y menciona que hay un guardia permanente para evitar que la gente salte al vacío.

> **“Las élites bogotanas de la primera mitad del siglo XX siempre tuvieron a París como el centro de sus referencias culturales”**

Al final, Isherwood hace un comentario que para mí fue toda una revelación. «Además está la altura, que lo afecta a uno de un modo desagradable: gases dolorosos, o *Bogota belly*, apretones en los músculos del corazón, o una irracional y vaga sensación de ansiedad, como si uno hubiera olvidado alguna obligación importante». Esto último es lo más lúcido que he leído sobre la altura, y lo padezco: la sensación de haber descuidado algo y ahora las consecuencias son irreparables. Un sentimiento de culpa que se expande despacio y que tiene que ver con la falta de oxígeno.

Chapinero

LOS BARRIOS Y LA GENTE

Cuando se menciona el *carácter* de una ciudad, lo que hacemos es establecer una actitud promedio que, en el fondo, no es otra cosa que el reflejo del temperamento de sus habitantes y la velocidad de sus vidas, dando por hecho que toda ciudad responde a un proyecto o a una idea colectiva. Esto ciertamente no pasa con Bogotá, a no ser que la ausencia de propósito pueda ser considerada a su vez un proyecto. O un antiproyecto. Porque Bogotá, lejos de tener una unidad (aún cuando esta contenga fases diversas que expresan el paso de la historia), parece más bien el resultado de muchas iniciativas sobrepuestas y a menudo contradictorias, lo que le da ese aspecto de urbe demencial integrada por microciudades que, cada vez, tienen menos contacto entre sí.

> **“Bogotá parece más bien el resultado de muchas iniciativas sobrepuestas y a menudo contradictorias”**

El modo en que funciona Bogotá, hoy, recuerda la cuadrícula de la ciudad china en tiempos de Mao:

en Pekín, cada barrio debía tener una fábrica, una sede del partido, una escuela, un centro de salud y de distribución de alimentos y un parque (que obligatoriamente debía incluir una colina, un bosque de bambú, un lago y una casa de té). La gente no tenía motivos para salir de su barrio, excepto para aclamar al gran líder, al timonel Mao, en la plaza de Tiananmén. Por eso las vidas se iban adecuando al aislamiento y a la inmovilidad urbana. ¿De qué barrio eres? ¿Dónde queda eso? El estatismo respondía a un proyecto político y a una idea de sociedad en la que todos debían permanecer en el lugar en el que eran útiles, conocidos y eficaces. El tablero de juego de sus vidas era ese y ningún otro, de ahí que muchas personas no conocieran otros barrios de la ciudad y, por supuesto, sus relaciones sociales, afectivas y laborales se daban siempre con personas de su entorno.

Salvando las obvias diferencias, Bogotá parece seguir este esquema. Son pocos los bogotanos que conocen todos los barrios de la ciudad y saben llegar a ellos. Hay gente que vive y muere en una zona sin jamás ir a otra y sin enterarse siquiera de la existencia de otras. ¿Dónde diablos es eso? Esto es impensable en las ciudades europeas, que responden a construcciones colectivas. Bogotá no y por muchos motivos. Los ricos no van nunca donde viven los pobres, y a los pobres no se les permite (o se les regula y controla y vigila) el acceso a los barrios ricos, como no sea para trabajar de empleados domésticos. Las zonas de clase media son más abiertas, por el comercio, pero dependen de jerarquías sociales implícitas, las cuales, en Bogotá, suelen ser rigurosamente horizontales: restaurantes de ricos para ricos, de pobres para pobres, de medianeros para medianeros o nuevos pudientes.

Los afectos y relaciones sentimentales destinadas a durar, salvo casos rarísimos, cumplen el mismo esquema excluyente de la ciudad. El amor podrá ser ciego, pero nunca democrático ni *inter clase*. Lejos de eso. En las universidades públicas europeas es común que el hijo de un mecánico se enamore de la hija de un médico y sea correspondido, pero esto en Colombia es imposible, pues las universidades son centros de *triage* o selección social que continúan el trabajo ya iniciado en los colegios privados o públicos desde la infancia. La movilidad social es nula. Un sistema de organización por ingresos comparable al de las castas de la India, aunque no de origen religioso. Las consecuencias son idénticas, y la primera es la imposibilidad de que exista la más mínima cohesión social o tan siquiera la idea de un proyecto colectivo que incluya a todos los sectores; al revés, estos se ven continuamente enfrentados, acorralados en zonas de exclusión o confort que, en la práctica, equivalen a muros de granito dividiendo la ciudad y sus gentes.

Solo experiencias semimarginales como las drogas, el alcohol y sobre todo el sexo pagado excavan túneles entre las clases sociales, aunque por lo general clandestinos. El muchacho que duerme en el asfalto sucio del Bronx después de haberse fumado un par de *bichitas* de basuco puede provenir del rico Norte o de la indigencia, de Cali o de la costa. La droga es democrática porque a todos destruye por igual, sobre todo si son jóvenes (aunque la gente con plata puede protegerse algo mejor). Lo mismo la prostitución, prepagos y en menor medida gigolós (héteros y homos), que salvo casos excepcionales de universitarias curiosas suele darse en mujeres de clases bajas.

Hubo encuentros interclase en ciertas zonas que se pusieron de moda, como ocurrió con los bailaderos de la avenida Primero de Mayo, que de ser un sector *invisible* para la gente rica pasó a ser muy buscado —en una época, todo es cíclico— por efecto de la rumba, la libertad para consumir drogas y la posibilidad de acceder a un sexo fácil (es zona de bares y moteles). Pero esta mixtura social en el fondo no lo es tanto, pues va siempre de arriba hacia abajo. El rico puede ir al bar de los pobres, y es bien recibido. Pero el pobre no puede siquiera entrar a un bar de ricos, los porteros no lo dejarían.

“Solo experiencias semimarginales como las drogas, el alcohol y sobre todo el sexo pagado excavan túneles entre las clases sociales”

EL PARQUE DE PORTUGAL

Durante mi infancia, la localidad de Chapinero era la zona por excelencia de la clase media y, solo en su sector más al norte, el de la oligarquía bogotana. El barrio en el que viví, el Calderón Tejada, debía el nombre a los antiguos propietarios de esas tierras, la familia de don Luis Calderón y doña Elvira Tejada, dueños de una finca y un bosque con minas de carbón, chircales —hornos para la fabricación de ladrillos y tejas de barro—, canteras de piedra y arena, una fábrica de fósforos y una explotación maderera. Era un barrio de casas grandes, cómodas y no muy costosas. De jardines y empinadas cuestas. Cualquier objeto que cayera a la calle rodaba sin parar hasta la Séptima. Nuestra casa estaba en la calle 58 con carrera Cuarta, frente al parque de Portugal. Era una construcción pensada para un tipo de familia de otra época: tenía dos patios internos y dos salones, más la cocina, la despensa y el cuarto del servicio; una escalera de madera con su típico escalón que chirriaba y que conducía al segundo piso, a una sala que abría a dos enormes habitaciones que eran los estudios de mis padres. Un corredor llevaba a las tres alcobas. Ahí estaba mi universo y el de mi hermano, ambos separados, y el enorme baño familiar. Esa casa fue una herencia de mi abuela materna —Julia Hinestrosa Balcázar— que mi padre pudo ir comprando a sus hermanos.

Ahí transcurrió la mayor parte de mi infancia.

Del otro lado, diagonal a la nuestra, estaba —y está aún— la casa más hermosa de toda la ciudad: una enigmática vivienda estilo inglés, de tres pisos y techo a dos aguas, antejardín y terraza, que estuvo siempre vacía a pesar de que algunas noches podíamos ver una inquietante luz al fondo, en el segundo piso. Hoy la visito con frecuencia, desde afuera, pues está al lado de mi restaurante favorito, el MiniMal, y siempre me recojo un momento ante su fachada y dejo que regresen los recuerdos.[9] En esos años lejanos se sabía

9 Le escribí incluso una novela, *Una casa en Bogotá*, publicada en 2014.

que los dueños eran una familia española que vivía en el exilio por el régimen de Franco, pero que pasaban más tiempo en México que en Colombia. Esa casa, que nos miraba por los ojos de sus ventanas, fue testigo silencioso de nuestros primeros juegos y lances, de nuestras conquistas y pequeños secretos. Hablo del Chapinero del inicio de los años setenta que hoy sigue vivo y casi igual al de mi memoria.

BASÍLICA DE NUESTRA SEÑORA DE LOURDES

Los bogotanos veneran este templo desde el día de su inauguración, en 1904, y además fue la primera iglesia de estilo neogótico de la ciudad, con vitrales del artista alemán Walter Wolf Wasserhouen. Los espacios interiores, algo oscuros, le dan un aspecto enigmático, lo mismo que la torre cuadrangular de la fachada, las torrecillas laterales, los arcos de ojiva de las puertas y la ornamentación de las cornisas. Por su ambiente solitario siempre imaginé ahí a Joseph K., el personaje de Kafka —a pesar de ser judío—, pensativo, elucubrando quién sabe qué cosas, recostado contra una de sus columnas, lanzando preguntas al aire enrarecido. El ambiente gótico de los templos sugiere este tipo de ideas: conversar con alguien a quien no vemos; amar a alguien a quien nunca hemos visto.

Colombia, como toda la América hispana, es heredera de un catolicismo muy fuerte promovido por el rey de España, siempre aliado al papa de Roma. Ese fue el modelo de cristianismo que trajeron los españoles a sus colonias de América como parte de su guerra contra las reformas de Martín Lutero y Calvino. Por eso desde esos siglos lejanos hay en estas tierras una gran unión entre el poder y la Iglesia, y una poderosa devoción religiosa que desde hace al menos cuatro décadas las nuevas Iglesias evangélicas o protestantes, llegadas de Estados Unidos, le disputan a la Iglesia católica tradicional. Estas nuevas Iglesias evangélicas dan respuestas rápidas y apoyo inmediato a los problemas cotidianos de la gente (alcoholismo, drogadicción, violencia familiar, etc.), sobre todo para las familias más humildes. En la práctica funcionan como centros de consejería, rehabilitación y ayuda social, llegando a suplantar en este aspecto las obligaciones del Estado, pues los pastores trabajan directamente con su comunidad, van a sus casas, hablan con las familias y les ayudan a enfrentar las adversidades. Por eso tantos fieles dejaron el catolicismo tradicional por estas Iglesias, que se financian cobrando los diezmos de forma organizada y obligatoria: el 10 % de los ingresos, pues cada nuevo adepto debe inscribirse mostrando una hoja oficial de salario o haciendo una declaración jurada de ingresos.

¿De dónde vienen estas Iglesias? Hay que recordar que a fines de los años 60 y en los 70 hubo en América Latina un movimiento católico de izquierda llamado Teología de la Liberación, que tomó fuerza en Brasil con el sacerdote franciscano Leonardo Boff, y llegó a todos los países del continente. La Teología de la Liberación se extendió por todos los países latinoamericanos y su influjo marxista inquietó al Vaticano y a EE. UU. Para contrarrestar este movimiento, EE. UU., a través de los programas de una organización religiosa llamada Instituto Lingüístico de Verano, favoreció la implantación de Iglesias evangélicas pentecostales en Latinoamérica con el pretexto de llevar la enseñanza gratuita del inglés, para captar a la población más pobre, y hoy, cuatro décadas después, se han convertido en un verdadero poder político. En las localidades más humildes de Bogotá hay incluso más de una iglesia evangélica por barrio y el poder de estos pastores sobre su feligresía es enorme. Muchos se han convertido en caciques políticos, pues suelen pedir el voto a sus fieles para quienes les prometen protección y prebendas, generalmente —en el caso de Colombia y Brasil—, a favor de partidos de extrema derecha, tan enemigos del progreso social como estas iglesias ultraconservadoras.

Hay también anécdotas cercanas al mito del «realismo mágico» que suele acompañar a estas tierras: en Colombia las iglesias están exentas del pago de impuestos y por eso sus movimientos bancarios no están vigilados. De ahí que algunas sedes evangélicas se hayan convertido en verdaderos centros de lavado de dólares de la mafia y el narcotráfico, con pastores que se mueven en camionetas blindadas de alta gama y con un ejército personal de guardaespaldas, que hacen fiestas estrepitosas y lanzan dólares a su paso, tal como solían hacer los jefes de los carteles en los años 90.

Pero volvamos a la apacible iglesia de Lourdes, en la localidad de Chapinero. Para ser una iglesia consagrada, la basílica vivió momentos extremadamente inquietantes: el terremoto de 1917 la dejó semidestruida. Este sismo, por cierto, parecería propiciado por el propio Diablo, pues, como hemos visto, sus principales víctimas fueron iglesias, ermitas y monasterios. Y se repitió en 1947, en plena misa. El cielorraso se vino abajo y las torres se derrumbaron.

“Algunas sedes evangélicas se hayan convertido en verdaderos centros de lavado de dólares de la mafia”

Puedo imaginar la basílica a principios del siglo XX en su entorno campestre, de casas de gran nobleza, y comprendo que provocara tal devoción. Lo difícil es verla en su contexto actual, pues se trata de una de las zonas más lumpenizadas de Chapinero, invadida por el comercio informal y rodeada de construcciones de poco valor, ennegrecidas por el humo de esas chimeneas móviles que son los buses que batallan con el tráfico demencial de la carrera Trece.

El pasado es siempre mejor y nunca se acaba. Esta iglesia y sus alrededores son prueba de cómo la Historia, con mayúscula, rescata y restituye el decoro. No solo en Bogotá, sino en gran parte de América Latina. Grandes sectores de Lima, Santiago, Quito o Ciudad de México se debaten entre la leyenda de una nobleza perdida y la lumpenización. Para comprender el trazado de nuestras presuntuosas aldeas, el pasado debe ser nuestro norte. Las cosas cambian, los espacios se alteran. De ahí proviene una cierta anarquía urbana que tiene que ver con la intemperie económica en mundos desiguales y sin justicia, típico de sociedades jóvenes que se debaten por hallar o crear un espacio —una nación utópica— en la que quepan todos, pero con dignidad. Ese futuro aún no se vislumbra, ni siquiera a lo lejos, y por eso las calles y avenidas de nuestras ciudades siguen llenas de campesinos desplazados por la violencia, de seres solitarios y periféricos que buscan cómo ganarse la vida en la ciudad. Los que aún creen en algo y tienen fe instalan una caseta o un puesto sobre la vía pública y venden frutas, comida frita, cigarrillos de contrabando, empanadas. Otros venden droga o artículos robados, y a los últimos no les queda otra salida que el atraco o el fraude. Y la limosna.

El parque que rodea la basílica de Lourdes es vivo ejemplo de esta economía informal: vendedores de lotería, comida callejera, artesanías, sahumerios y cremas para curar enfermedades, pócimas para el amor y la buena suerte y, cosa increíble, incluso un par de improvisadas librerías de ocasión. Tal vez sea otra herencia del mito de la «Atenas de Sudamérica», pues en esos escaparates hay libros de segunda mano y ediciones piratas. Con muy buenos títulos en literatura y ciencias sociales. En Bogotá la gente humilde también lee y por eso hay un comercio enorme de libros baratos y en todos los bazares de calle hay carpas libreras. Sin el *glamour* de los *bouquinistes* parisinos, claro, pero con mejores precios. Hay una manzana en la zona del Centro, en torno a la carrera Octava y la calle Catorce, que es el epicentro de las *librerías de viejo* o de ocasión, con lugares ya clásicos como las librerías Merlín y Babel Libros.

Pero me salgo del tema, que es el vasto espacio humano que deambula por el parque de Lourdes. Durante mi niñez, la carrera Trece aún se consideraba una arteria comercial de prestigio, con almacenes elegantes. Al frente estaba el Pasaje Libertador, con el Cine Libertador, para mí legendario. Parte de mi educación sentimental transcurrió en esa sala. Allí vi *Rocky*, con Sylvester Stallone, en 1976, y recuerdo que el entusiasmo me llevó a correr por todas las escalinatas de Bogotá, en subida, saltando al llegar a lo alto y levantando los brazos. También el primer *Star Wars*, una verdadera bomba de TNT para la imaginación.

“En Bogotá la gente humilde también lee y por eso hay un comercio enorme de libros baratos y en todos los bazares de calle”

El cine siempre evoca recuerdos urbanos.

Hoy esa parte de la calle 63, que pasa al lado del parque y la basílica, está a punto de ser derruida, y los pocos locales que sobreviven, entre la Trece y la Caracas, tienen los días contados. Su proceso de desgaste llegó al punto más bajo entre las calles 56 y 64. Hay deterioro por prostitución, venta de drogas y cercanía a la llamada *zona de tolerancia*, con una serie de discretos prostíbulos. Una verdadera Babilonia, pues a pocas cuadras, cruzando la avenida Caracas, están los famosos moteles, esos albergues clandestinos para parejas que se alquilan por horas, sin registro de ningún tipo y en absoluta discreción, donde amantes, colegas de trabajo o estudiantes sin domicilio propio pueden pasar un rato en el desigual combate del eros. Algunos de estos moteles, vale decir, son verdaderos templos del *kitsch*. Ofrecen habitaciones con *jacuzzi* y sauna, barra de *lapdance* y luces de discoteca; o decoradas en diferentes estilos: japonés, galáctico, prehistórico o de los Simpson. En esos lugares del amor profano —su clientela llega no solo en las noches, sobre todo al mediodía, en las pausas de almuerzo de oficinas y comercios— se puede ordenar todo tipo de comidas y bebidas, sin límite. Recuerdo uno de ellos con un cartel que anunciaba: «Semana de la gastronomía mexicana».

CHAPIGAY / GAYHILLS

Alejándose de Lourdes, hacia los cerros orientales está lo que el novelista Alonso Sánchez Baute, en su libro *Al diablo la maldita primavera*, denominó Chapigay y Gayhills.[10] Una zona de influencia gay que encontraría su epicentro en el supermercado Carulla de la calle 63 con Séptima y el enorme gimnasio Bodytech que está justo al frente, y al que le dicen Bodygay. La clientela de ese lugar, según sus entrenadores físicos, es en efecto 80 % homosexual. Funciona desde hace 11 años y tiene más de dos mil clientes. Es un verdadero templo del cuerpo, la vanidad y el hedonismo. El culto al músculo se satisface en los enormes espejos de pared donde todos se miran, se miden y escrutan constantemente, desde todos los ángulos, antes de

---

10 No me consta que él haya bautizado así el sector, pero en su libro vi por primera vez esa expresión.

tomarse fotos con sus celulares y enviarlas al mundo ávido de las redes sociales.

No todos viven su condición de esta manera tan libre. Hay aún personas que por ser gais sufren rechazo familiar, retaliaciones sociales, incomprensión, sanciones en sus trabajos. Atendiendo a esta realidad, en junio de 2006, el exalcalde Luis Eduardo Garzón consagró oficialmente a esa parte de Chapinero como la Zona Gay de Bogotá e inauguró allí un centro comunitario para la comunidad LGBTI que brinda atención psicológica y jurídica a quienes sufren agresiones, maltrato, rechazo, problemas de orden profesional o *bullying* de cualquier tipo.

¿Es esta zona de Chapinero comparable al barrio de Chueca en Madrid, Soho en Londres o Castro en San Francisco? Según un reportaje de 2007 publicado en el diario *El Tiempo*, «el 55 por ciento de sus habitantes son solteros o parejas jóvenes. Personas de clase media, en su mayoría profesionales, que viven ahí porque no hay presión social ni discriminación».

Yo diría que lo gay está, claro, pero no es tan visible. En Chueca no se puede dar un paso sin encontrarse con la bandera multicolor de Gilbert Blaker y, en general, con los símbolos de esa lucha: los almacenes y bares lo sugieren, y hasta los restaurantes. Pero acá no es así. No hay que olvidar que la sociedad bogotana —y colombiana en general— no ha llegado a los niveles de normalización que pueden verse en España, Inglaterra o Estados Unidos, pues aún hoy subsisten en Colombia sectores que no quieren que en su vecindario haya bares o tiendas de ese tipo.

Esto a pesar de que en la legislación las uniones entre personas del mismo sexo están plenamente permitidas, con los mismos derechos legales y de herencia que las heterosexuales. Es el resultado de arduas y durísimas luchas contra el poder conservador y ultracatólico.

Por eso Chapigay es especial e importante, y de cualquier modo el enfoque homosexual se impone cada vez más en hoteles, restaurantes, tiendas de ropa, bares y cafés internet. También hay varios Sex Club. Un hotel como el High Park, por ejemplo. En las noches, el fuego que alimenta la llamarada está en las discotecas. La más famosa es Theatrón, en la 58 con carrera Décima, que existe hace más de 20 años y es la discoteca gay más grande de Latinoamérica, con capacidad para 7000 personas. Tiene 19 salas —una de ellas exclusiva para mujeres— con shows de *deejays*, *strippers*, transformismo, y un gran escenario central en el que, todos los sábados, hay un gran espectáculo musical de *drag queens*. Artistas como Daddy Yankee, Vicente Fernández o Björk, entre muchos, han cantado en las tablas de Theatron, donde la fauna de la noche se viste de variados colores: desde ejecutivos de traje elegante y corbata hasta hípsteres o hipertatuados, musculosos en *t-shirt* rosa y pantalón a mitad de espinilla, émulos del Ken del film *Barbie*; o los tecnológicos línea Star Wars o los lumpemproletarios de overol y botas Caterpillar estilo grupo Village People. Y también

“En la legislación las uniones entre personas del mismo sexo están plenamente permitidas”

—y sobre todo— gente común y corriente, esa que alimenta plazas y parques, e incluso heterosexuales atraídos por los ecos de esa fiesta —en Bogotá se le dice *rumba*— que parece inolvidable e infinita.

LAS «CASAS INGLESAS»

En las primeras décadas del siglo xx, cuando la ciudad creció y empezó a sentirse estrecha en los barrios del Centro, las clases más adineradas iniciaron su periplo hacia el norte y muchas familias, como una forma de distinguirse, eligieron construir casas «estilo inglés». Esa burguesía bogotana, con el anhelo y los ojos puestos en las grandes urbes universales, tenía predilección —ya lo dijimos más arriba— por Londres y París. Londres por la elegancia y los modos palaciegos, y París por el hedonismo y la cultura. Esa fue la imagen que quisieron labrar de sí mismos en la capital, con un frío y una lluvia que muchos consideraban *londinenses*. De ahí la costumbre de los trajes en *tweed*, en telas gruesas y elegantes de paño, así como el refinadísimo hábito del té y los *scotch* en las tardes. Y por supuesto los clubes para caballeros, caso del Gun Club, con su prohibición de entrada a las damas, sus bares donde se fumaba tabaco Cohiba y pipa y en los que era obligatorio el uso de corbata. Una conducta de imitación y mímesis que ellos confundían con la *civilización* y que tuvo mucho que ver con la mirada de superioridad del bogotano no solo hacia lo considerado criollo e indio, sino en general de rechazo por las costumbres diversas del resto del país. Hay una anécdota que ilustra hasta qué punto podía llegar esa pretendida superioridad en ciertos bogotanos: el insigne político conservador Miguel Antonio Caro, filólogo y traductor del latín, y vicepresidente de la República entre 1892 y 1897, nunca fue a Europa a pesar de su absoluta admiración por todo lo europeo. ¿Y por qué motivo? «Si para ir a Europa tengo que atravesar la barbarie de la Tierra Caliente, ¡prefiero quedarme en Bogotá!», fueron sus palabras. Murió en 1909, siete años antes del primer vuelo sobre la sabana, y a once del primer avión comercial que le habría permitido cruzar por aire los *bárbaros* territorios cálidos.

Es en este contexto psicológico que aparecen en Bogotá las «casas inglesas», caracterizadas por el uso del ladrillo a la vista, combinado con piedra o madera, arcos en punta y de estilo Tudor en las entradas, techos inclinados con teja de barro, buhardillas y altas chimeneas, ventanas con mirador que sobresalen de la fachada, llamadas *bow-windows*. Sí: las mismas que mi admirado cronista Christopher Isherwood desdeñó.

La profesora Juanita Barbosa, del Instituto de Investigaciones Estéticas de la Universidad Nacional, las describe de este modo en un estudio sobre sus características:

> Generalmente, las «casas inglesas» están elevadas del nivel del suelo para evitar problemas de humedad y tienen dos pisos y mansarda, aunque la estructura de madera de la cubierta frecuentemente no está a la vista. Los antejardines, casi siempre rebosantes de árboles y flores, están delimita-

dos con muros bajos y rejas elaboradas, a veces en juego con la ornamentación de las ventanas, y dejan entrever las fachadas en las que contrastan el naranja del ladrillo con el color crema amarilloso de la piedra bogotana utilizada en los recuadros de puertas y ventanas, en las franjas verticales de las *bow-windows*, en las esquinas de los muros, en los elementos de remate, así como en las amplias portadas de entrada con puertas de madera tallada, que en algunos casos son antecedidas por atrios monumentales que les dan una impronta particular. El trabajo repujado del latón en los encuentros de canales y bajantes es otra característica de la ornamentación que identifica estas casas y llama la atención hacia arriba, a las cubiertas de tejas holandesas en las que avanzan las buhardillas y se elevan las chimeneas, tan particularmente trabajadas.[11]

Estas casas se encuentran en aquellos barrios bogotanos que alguna vez fueron —o siguen siendo— habitados por la burguesía. Sobre todo en las localidades de Chapinero y Teusaquillo. Es el caso de La Merced, en el costado sur del parque Nacional, o la zona de Quinta Camacho, entre las calles 67 y 72. También en el barrio Palermo y en el exclusivo El Nogal.

BARES Y VIDAS

En la Bogotá de mi adolescencia no existía la tradición del bar europeo. Había bares en los hoteles. Estaba el Chispas Bar, en el Hotel Tequendama, pero era demasiado exclusivo. Mi juventud contestataria

11 «Casas inglesas en Bogotá». *Revista Credencial*, 29 de mayo de 2024.

y rebelde jamás habría ido a un lugar así y tampoco habría podido pagarlo. Era y sigue siendo un típico bar internacional en pleno centro de Bogotá y por tener entrada desde el *lobby* siempre supuse que su verdadero objetivo no era la clientela criolla, sino los ejecutivos extranjeros. Ya hablé aquí del Café Automático, donde *atendía* a diario el poeta León de Greiff con su tertulia y sus muchos aguardientes, y donde García Márquez, según cuenta Plinio Apuleyo Mendoza en una crónica, encendía los fósforos raspándolos con la suela del zapato.

La entrada a la adolescencia bien puede confundirse con la entrada a un bar. Con esas noches frenéticas y el progresivo alejamiento de la casa familiar en dirección a la ciudad anónima. Cada vez más lejos y con mayor temeridad. Recuerdo una cervecería en la 93, El Fuerte, donde conocí esa extraña y aparatosa medida inglesa de la *pinta*; luego los bares ligados a la música: La Teja Corrida, al frente de las Torres del Parque, donde los fines de semana tocaba el grupo El Son del Pueblo. La pasión era la salsa, el son cubano, el guaguancó, el montuno. Se consideraba música culta. Bailábamos, bebíamos cerveza y nos sentíamos libres. La salsa proliferó en Bogotá y poco a poco aparecieron otros bares: Quiebracanto, en otra de esas casonas de la carrera Quinta, y Café y Libro, en la 34, pasada la avenida Caracas. Conquistábamos la ciudad yendo a sus bares, pero allá afuera, a la salida,

“La entrada a la adolescencia bien puede confundirse con la entrada a un bar”

Bogotá nos esperaba como un *maelstrom*, un remolino oscuro. Había otro barcito al lado de las Torres del Parque, El Boliche, con una rocola fenomenal en donde ponía boleros.

A los 19 años me fui rumbo a España, con una maleta en la que debía caber una vida: esa vida futura que aún no tenía. Atrás quedaba la adolescencia, ese mapa de luces en lo alto de la montaña, una serie de itinerarios nocturnos por la ciudad buscando responder ciertas preguntas o tal vez buscando preguntas nuevas, diferentes de las que mi pobre experiencia me ofrecía. Bogotá había sido un escenario oscuro y frío que intentaba superar. ¿Hacia dónde? Antes de irme estudiaba literatura en la Universidad Javeriana y mi aporte a la cultura era algo confuso: consistía en andar con mis amigos vistiendo una ruana, zapatos chinos de tela negra y muchos collares precolombinos. A Bogotá, como a nosotros, la iluminaba un sol negro y todos estábamos un poco marchitos. Sin embargo éramos jóvenes, el yo era colectivo. Uno le pertenecía a su grupo y ese grupo podía ser muchas cosas: «Somos los que adoran a la Fania y enloquecemos con la salsa y el guaguancó». «Somos los que leen a Rimbaud y quisiéramos vivir en una ciudad cercana a *El cuarteto de Alejandría*». Y claro: «Somos los que queremos algún día ser escritores, pero esta ciudad parece negarse a nosotros».

Ese ir y venir nocturno, a veces solo y a veces con otros aspirantes a poetas malditos, acabó por llevarme al mejor de los bares de salsa de la ciudad, en una casona de principios de siglo, cerca de la esquina entre las avenidas Chile y Caracas. En la azotea funcionaba El Goce Pagano, la más famosa de todas. El Goce, como le decíamos, tenía ya tres bares en la ciudad: dos en el centro y este, un poco más cerca del norte, donde vivíamos los jóvenes de clase media alta. Jóvenes que veníamos a tragarnos el mundo con actitudes literarias extremas; recalábamos allá los viernes, como un banco de peces llevado por la marea, y por unas horas dejábamos nuestro temperamento brutal y salíamos a la pista a flotar con la música de Richie Ray y Bobby Cruz, de Héctor Lavoe y la Fania All Stars.

Todavía hoy, cuatro décadas después, cada vez que escucho la voz salivosa de Pete «el Conde» Rodríguez atacando *Catalina la O*, una extraña fuerza me lleva de vuelta a ese espacio estrecho de madera, techo abuhardillado y luces indirectas, donde bailaba y bailaba hasta el amanecer, bebiendo cerveza y queriendo agotarme, caer rendido, llegar al límite. El Goce era también un museo de la salsa clásica culta, ajeno a las modas y atendido por su propietario, César Pagano, intelectual del guaguancó y el chachachá que se vestía por igual con guayaberas cubanas o kurtas indias y que hacía al micrófono breves introducciones de todas las canciones. Ir a bailar al Goce era un gesto político y de descontento, un grito asordinado en medio de la noche desde allá arriba, en lo más alto de nuestra apesadumbrada cordillera.

Una vez tuve ahí un extraño encuentro. En una de las mesas más oscuras, en una suerte de nicho que hacía la pared por detrás del mostrador, reconocí a un antiguo profesor del colegio. Era un enorme negro haitiano llamado Jacques Laurent, exiliado político del régimen de Duvalier. Nos daba francés. Recuerdo que parecía triste y que agarraba su botella de cerveza con fuerza. Lo abracé de alegría, pero me sentí extraño. Monsieur Laurent era testigo de ciertos años de mi vida que daba por concluidos, y de repente estaban de nuevo ahí. Me invitó a sentarme y quiso saber de mis estudios de literatura. Le contesté que ahí iban. Me volvió a abrazar y le aseguró a sus amigos haitianos que yo era su orgullo. Estaba borracho. Pidió otra ronda y me invitó, pero yo insistí en pagar mi cerveza. Los sueldos de los profesores eran una miseria y Laurent tenía dos hijos.

De pronto, en medio del estruendo, se sobrepuso un extraño sonido que no iba con la música. Al darme vuelta vi que *monsieur* Laurent estaba llorando. Lloraba con regularidad, apretándose el entrecejo con los dedos. Hice un gesto interrogador a sus amigos. Uno de ellos, cuyos rasgos no pude distinguir por lo oscuro del rincón, se acercó y me dijo, con marcado acento francés: «La señora Laurent falleció hace cinco días»; y agregó: «Él está inconsolable». Días después alguien me contaría una versión, no sé si cierta, según la cual la mujer habría caído del auto que manejaba Laurent; otras versiones decían que se había estrellado contra un árbol. Nunca supe cuál fue la verdadera, pero verlo llorar de ese modo fue una gran lección, tal vez la más importante que me dio.

“Verlo llorar de ese modo fue una gran lección”

La primera vez que entré al Goce era un adolescente de quince años y cuando salí de Bogotá, a los diecinueve, ya estaba listo para lanzarme a la vida y nadar en alta mar. La imagen de joven iracundo, enfrentado a todo, se transformó esa noche en que Laurent me hizo vislumbrar cosas esenciales. Y fue ahí, en El Goce Pagano. En esos mismos oscuros espacios en los que besé y acaricié a muchas mujeres con impaciencia, y solo una vez obtuve un poco más en el baño o en el corredor que llevaba al baño. Pero la melodía triste de mi profesor de francés se convirtió en la pregunta que ansiaba encontrar y jamás responder. Una música que atesoré durante años y que me ayudó a escribir mis primeros libros.

LOCALIDAD DE TEUSAQUILLO

En la década de 1920, al tiempo que Chapinero se convertía en una poblada zona residencial y ganaba prestigio, se desarrolló otro proyecto urbano al norte del barrio Santa Fe que fue bautizado con el antiguo nombre del zipa muisca que señoreaba en la altiplanicie: Teusaquillo. Se inauguró en 1927 y muy rápidamente se consolidó como la más elegante y moderna, símbolo de los años 30 y del florecimiento y desarrollo de Bogotá en su cuarto centenario (1938). Arquitectos de prestigio construyeron manzanas con residencias de estilo victoriano, antejardines y jardines interiores donde muy rápidamente se trasladó la clase alta de la capital, y por supuesto los líderes políticos. Allá vivieron, por ejemplo, el *caudillo* Jorge Eliécer Gaitán y el dos veces presidente liberal Alfonso Lopez Pumarejo. También sus rivales conservadores Laureano Gómez y Mariano Ospina Pérez —que a su vez acabaron por ser rivales entre sí—, y por supuesto el general Gustavo Rojas Pinilla, que habría de derrocar a Laureano Gómez en 1953 y fue presidente hasta 1957. Esto quiere decir que las encarnizadas rivalidades políticas de la mitad del siglo XX colombiano, las que provocaron violencia y muerte en los campos y pueblos del país, se dieron entre vecinos de un elegante barrio de Bogotá.

Es la paradoja de nuestra historia.

Asimismo llegó a vivir a Teusaquillo la comunidad judía, cuyo comercio estaba implantado en el barrio Santa Fe, donde eran célebres por sus sastrerías y confecciones. Esta comunidad construyó un par de sinagogas y coincidió en el tiempo con la sirio-libanesa, que había hecho fortuna en mercados como el de San Victorino y otras zonas del Centro. Árabes y judíos, al menos en Bogotá, hicieron la paz casi desde sus inicios, pues ambas comunidades, comerciantes, resultaron ser igualmente ricas e influyentes en la sociedad colombiana.

En la década de los treinta, Teusaquillo vivió también un *boom* en la construcción de infraestructuras públicas. En 1934 se estrenó el Hipódromo de la calle 53 (hoy Centro Comercial Galerías), luego la Ciudad Universitaria, de 1937, un enorme proyecto que incluía la Universidad Nacional, el Estadio Alfonso López y un Coliseo de baloncesto. En 1938 se agregó el Estadio de fútbol Nemesio Camacho en tierras de la Hacienda El Campín, hoy sede de los dos equipos de la capital —Millonarios y Santa Fe—. No hay duda de que esta parte de la ciudad se benefició del empeño de sus vecinos ilustres, los presidentes liberales Enrique Olaya Herrera, Eduardo Santos y Alfonso López Pumarejo, y especialmente de Jorge Eliécer Gaitán, alcalde para el cumpleaños 400 de la ciudad, y que lo celebró siendo la sede de los Juegos Bolivarianos de 1938. Como la antigua ciudad griega, la Atenas sudamericana también tuvo su (o sus) Pericles, que comprendieron que la capital debía tener obras relevantes que la diferenciaran de las modestas ciudades de provincia.

Pero algo extraño pasó y durante mi adolescencia, en los años 70, ya Teusaquillo había perdido su esplendor. Son esas extrañas metamorfosis urbanas que se dieron en Bogotá, movimientos parecidos a las mareas que desplazan el interés de una zona a otra, y entonces la burguesía la abandonó, como consecuencia de la violencia que se vivió en el 9 de abril de 1948 —el asesinato de Gaitán, el Bogotazo—. Se fueron hacia el norte de Chapinero, a la sombra de los cerros orientales, del otro lado de la ciudad, donde se sentían más seguros. Lejos del Centro.

Y todo cambió.

Las casas aristocráticas aún estaban ahí, pero muchas fueron subdivididas para albergar comercios de poca calidad. Por la cercanía con algunas universidades se llenó de tiendas de fotocopias, almorzaderos baratos, ventas de empanadas, cafés internet. Sus fachadas señoriales se poblaron de anuncios de colores y grafitis, y en los antiguos salones elegantes proliferaron tiendas populares abiertas a la calle, cuya clientela tomaba cerveza sentándose en el andén o en los lujosos antejardines.

Nada es para siempre, como muchos sabemos en Bogotá, y con el tiempo la tuerca dio un nuevo giro: llegó el siglo XXI y una parte de Teusaquillo, las zonas aledañas al Park Way, volvieron a ponerse de moda, pero ya no habitadas por la burguesía, sino por una clase media intelectual, profesores universitarios, artistas, y se convirtió en espacio de teatros, librerías café y galerías de arte.

EL PARK WAY

Está en el sector de Teusaquillo, en el barrio La Soledad, y gravita en torno a una ancha avenida diseñada como jardín, entre las calles 36 y 45, con cerca de un kilómetro de longitud. El Park Way fue el primer bulevar de Bogotá. Se construyó en 1950 y contiene una zona verde que funciona como parque lineal. En términos urbanísticos es expresión de los principios sociales y políticos de la posguerra, sumado a las teorías de la *beautiful city*, que sigue el modelo estadounidense como paradigma de desarrollo. Es también una calle con ciclorrutas en los costados, 30 metros de zonas verdes y plantas ornamentales. Las especies de flora más abundantes son los urapanes (*Fraxinus chinensis*) y cipreses (*Cupressus*), árboles nativos de la sabana y típicos de la ciudad, que se elevan hasta los veinte metros de altura.

Por la vía de sus nuevos habitantes, este barrio se transformó en un sólido ecosistema cultural urbano.

Al caminar por sus calles uno se cruza con gentes que no quieren parecer adineradas. Lejos de eso. El perfil promedio es el del profesor universitario, intelectual, rebelde y progresista, antiglobal, preocupado por el medio ambiente y con ideas muy claras sobre la deriva del mundo neoliberal. Este personaje de pantalón y chaqueta de pana, bufanda existencialista, con un libro de algún ensayista iraní o poeta uzbeko bajo el brazo, a veces de mochila arhuaca colgando del hombro, se mezcla en los arbolados andenes con otras versiones del hombre rebelde de Camus: la estridencia del rockero, el enemigo de la normalidad, y más allá con el poeta en cualquiera de sus múltiples versiones, o con el actor de teatro experimental y el músico de la sinfónica. La cantante Andrea Echeverry, del grupo de *rock* capitalino Aterciopelados, se pasea por allí con su chaqueta de estrellas blancas y sus tenis verdes fosforescentes, y pasa al lado de los poetas malditos que, con abrigos grises y ocres, melancólicos, se leen unos a otros sus últimas rimas. Otros van a beber una infusión a las sofisticadas Casas de Té o a echar un trago a cualquiera de los bares cultos, y por supuesto es ahí donde los restaurantes esotéricos del universo vegano han tenido más éxito y donde la comida es mayoritariamente de origen biológico y con sellos de economía solidaria. Los habitantes del Park Way parecen haber leído a Thomas Pikety, conocer bien la poesía de la Szymborska, ser nostálgicos de la trova cubana y simpatizantes del exministro de economía griego Yanis Varoufakis. Muchos fueron *No vax* en su momento y difundieron ideas apocalípticas sobre el modo en que el capitalismo científico estaba colonizando el espíritu humano. Ideas, por cierto, que también arraigaron en ciertos sectores progresistas y de izquierda radical, los cuales pregonaban el vegetarianismo como parte de su defensa del medio ambiente, y que se opusieron a las vacunas porque contenían albúmina, proteína proveniente de la clara del huevo.

Es el Park Way y su prosodia nerudiana.

Uno de los eventos más poderosos del año es la Noche Blanca, que se celebra a fines de noviembre, una idea que nació en París. Consiste en convertir las calles y parques en galería de arte al aire libre con la intención de acercarlo al pueblo, al observador casual, al simple transeúnte. Romper las barreras, derribar la cuarta pared y hacerlo más democrático y solidario. La idea causó furor entre los medios alternativos y artísticos del Park Way, y lo adoptaron, mezclando absolutamente todas las tendencias: domos, *mapping*, instalaciones visuales y sonoras de gran formato, exposiciones tradicionales, esculturas intervenidas, *performances*, grafitis, propuestas sensoriales y gastronómicas.

LA UNIVERSIDAD NACIONAL

La Universidad Nacional fue mi segunda casa. Es la universidad pública más grande y principal del país, en la que mis padres estudiaron, se conocieron y fueron profesores toda la vida. Su matrimonio fue en la capilla universitaria, en noviembre de 1963.

Pero empiezo por el principio.

Cuando iniciaron sus estudios, en enero de 1959, la Escuela de Bellas Artes estaba aún en su sede original de la calle Novena con carrera Octava, al lado de la iglesia de Santa Clara, en el barrio La Candelaria. En ese claustro colonial mis padres hicieron su ingreso en el mundo del arte al lado de otros colegas, que serían sus amigos a lo largo de la vida. En 1965 la facultad se trasladó a la nueva ciudad universitaria. Mi madre —embarazada de mí—, que era profesora de Artes desde el momento mismo de su graduación, en febrero de 1964, recuerda ese tumultuoso trasteo a un edificio en el que funcionaba la facultad de Arquitectura, y sobre todo la mirada recelosa de los arquitectos al ver la invasión de esos «artistas puros» que venían a compartir oficinas, salones y corredores. Fue el rector Mario Laserna, entre 1958 y 1960, quien propuso la integración de las artes en una sola facultad —música, arquitectura y pintura—, pero hasta 1965 no se logró por las reticencias de los docentes arquitectónicos. En 1966, por otra oferta de trabajo que les llegó de la Universidad de Antioquia, mi familia se trasladó a Medellín durante cinco años y solo volvieron a Bogotá hasta 1970. Mi madre retomó sus clases en la Facultad de Artes, y mi padre, en Ciencias Humanas, pues su cátedra era de Historia del Arte.

Mi vida gravitó en torno a ese campus y conozco muy bien, con la memoria de la vida, sus viejos edificios: la plaza del Che, la Rectoría, el Auditorio León de Greiff, el Museo de Arte, el Observatorio, las diferentes facultades y, sobre todo, sus prados y jardines aledaños. Mi hermano José Pablo se matriculó en arquitectura tan pronto salió del colegio, y hoy, cuatro décadas después, es profesor también allí. En mi caso, al acabar el bachillerato, la Nacional no tenía carrera de Literatura. Filosofía sí, pero no Letras. Curiosa ausencia que poco después corrigió, pero que en su momento me obligó a presentarme a otras universidades y a matricularme, en 1982, en la Universidad Javeriana.

Aparte de su excelencia académica, la otra característica de la Nacional —y a la vez, uno de sus grandes problemas— es que al ser un centro educativo público al que venían estudiantes de todas las regiones, y de todas las clases sociales, se convirtió en uno de los más palpitantes escenarios del debate político. Mis padres, como profesores y alumnos, vivieron muy de cerca esta condición, pues los años sesenta y setenta fueron en Colombia de consolidación de las diferentes izquierdas y de los grupos guerrilleros que se formaban siguiendo el ejemplo de Cuba, una experiencia que dejó muchos mártires en el camino, pues, en esos años de militancia y compromiso, la lucha revolucionaria era una absoluta urgencia, superior a cualquier otra consideración de orden estético, social, filosófico e incluso religioso. Una actitud que dejó muchas vidas inconclusas. Uno de los casos más tristes y recordados fue el del jesuita Camilo Torres, sacerdote y sociólogo de la Universidad de Lovaina, fundador de la facultad de Sociología y capellán de la Universidad Nacional, cercano a las tesis de la Teología de la Liberación,

> **“La lucha revolucionaria era una absoluta urgencia”**

que buscaba acercar el marxismo y el cristianismo. Camilo Torres decidió unirse a la lucha armada con el ELN (Ejército de Liberación Nacional), pero murió de forma absurda en su primer combate, el 15 de febrero de 1966, en la localidad de San Vicente de Chucurí. Otra tragedia más en este país de tragedias, de magnicidios públicos y privados.

Pero vuelvo a la Universidad Nacional.

La tradición de ser a la vez centro de estudios y espacio de debate político —como pasó en otras universidades públicas del continente, la San Marcos de Lima o la UNAM de México—, unido a su condición de universidad autónoma, es decir con plena autonomía de los poderes y leyes de la ciudad, y dirigida exclusivamente por las normas de su Consejo Académico, llevó en muchos casos a verdaderas crisis y enfrentamientos violentos entre manifestantes y policías antidisturbios, con las consiguientes huelgas y cierres que a veces se prolongaban durante meses, destruyendo los calendarios de estudio. En cada protesta la policía violaba la autonomía universitaria y entraba a saco, destruyendo lo que encontraba a su paso, con la disculpa de arrestar a los manifestantes encapuchados que les tiraban bombas molotov, y que la mayoría de las veces ni siquiera eran verdaderos estudiantes, sino agitadores políticos. Esto creó en torno a la Universidad Nacional un aura de «cuna de guerrilleros» y «foco de insurrección» que le ha causado mucho daño y que, en consecuencia, hizo que recibiera poco apoyo de los poderes políticos. Pero ahí está y a pesar del auge de las universidades privadas, la Nacional sigue siendo la más prestigiosa y la que mejores resultados obtiene en las pruebas académicas internacionales.

HITLER EN BOGOTÁ

Una de las leyendas urbanas más asombrosas, que hace las delicias de los amantes de las teorías conspirativas —basada en el relato de historiadores aparentemente veraces—, es aquella de que Adolf Hitler estuvo en Colombia. La primera mención es de 1948. El 19 de junio de ese mismo año, la Agencia France Presse (AFP) publicó la noticia de que el ex Führer vivía nada menos que en el pueblo de Facatativá, 45 kilómetros al occidente de Bogotá, «y que se camufla tras una barba blanca». Esto es la prolongación de otro relato ya muy conocido que asegura que Hitler no murió en su búnker, entre los escombros de la Berlín asediada por el ejército soviético, sino que escapó en un avión a Dinamarca, luego se trasladó a España y finalmente, en un submarino, huyó con Eva Braun y otros jerarcas nazis a Argentina, más concretamente a Bariloche, donde se refugió por el resto de su vida. A partir de ahí —se especula— habría viajado por varios países latinoamericanos gracias a la protección y el ocultamiento de los regímenes militares de ultraderecha que gobernaban muchas de estas naciones. Hasta su muerte, que según algunos se habría dado en Paraguay y, según otros, en Argentina, en 1987, a los 97 años.

> **“Su muerte, según algunos se habría dado en Paraguay o en Argentina, en 1987, a los 97 años”**

La segunda mención de Colombia es de 1954 o inicios de 1955. Se dice que el ex Führer habría venido de visita, protegido por el mandatario de esos años, el general Gustavo Rojas Pinilla, y que a pesar de que la mayor parte del tiempo estuvo en Tunja pasó por Bogotá, donde aterrizó y pernoctó unos cuantos días con el nombre de Adolf Schüttelmayor o Schüttelmeyer. Según los documentos, el piloto destruyó el avión y lanzó los restos al humedal La Florida, donde hoy hay un parque con ese nombre, ubicado a las afueras de Bogotá por el occidente. Un programa investigativo de History Channel fue hasta el lago y sumergió un par de buzos durante varios días, pero no encontraron restos de la aeronave. Y además está la pregunta: si Hitler dio orden de quemar un avión para no dejar pruebas de su visita, ¿cómo se fue de regreso? ¿Con otro avión que a su vez ordenó quemar?

El historiador y escritor argentino Abel Basti es quien argumenta la visita del Führer a Colombia basándose en una foto de 1954. En ella se ve a Hitler con el holandés Philippe Citröen, en Tunja, en un hotel de lujo llamado Residencias Colonial. Una fotocopia de esta foto aparece en un documento desclasificado por la CIA al que Basti tuvo acceso. ¿Por qué fue a esa ciudad? Según Basti, Hitler era amigo del alemán Julius Sieber, profesor y pedagogo alemán que habría estado 17 años en Colombia, en dos etapas: una antes de 1936 y otra a partir de junio de 1948. En 1953, por designación del presidente Rojas Pinilla, Sieber fue el primer rector de la Universidad

Pedagógica y Tecnológica de Tunja, siendo una de las personalidades más admiradas de esa región. Sus métodos pedagógicos le valieron esa dignidad y aún hoy existe una Institución Pedagógica Julius Sieber. Pero era buen amigo de Hitler y, sobre todo, seguidor de Hitler. Por eso, de ser todo cierto, vino a verlo.

El Norte

USAQUÉN

Toda ciudad que crece de forma desbocada, cual planta carnívora, acaba por tragarse a las poblaciones que están a sus alrededores. Bogotá hizo lo propio y una de ellas, en la zona Norte, es la antigua población de Usaquén, un viejo poblado indígena erigido el mismo año de la fundación de Bogotá, en 1539. El villorrio vivió su pequeña historia cerca de la ciudad hasta que en 1777, ya con el Virreinato de Santa Fe en funciones, sus habitantes fueron desplazados a la zona sur, a la población de Soacha, por orden de un decreto real que debía tener como fin, supongo, apropiarse de esas tierras a favor de alguien. Y esa debió de ser su suerte porque a principios del siglo XIX el lugar se había desarrollado poco y contaba apenas con 120 casas, la mayoría de paja, de las cuales 100 conformaban el pueblo propiamente dicho. A cambio se establecieron en sus predios famosas haciendas de la sabana, caso de Santa Ana, Santa Bárbara y el Cedro, hoy convertidas en barrios, urbanizaciones y locales de inmuebles comerciales en las que viven más de medio millón de personas

Durante el periodo de las luchas por la independencia, Usaquén tuvo su momento de gloria: allí acamparon las tropas patriotas comandadas por el general francés Miguel Servíez, al servicio de la causa americana, y su segundo jefe, el entonces coronel Francisco de Paula Santander. Los sublevados atravesaban una situación difícil y venían en retirada desde Chiquinquirá. En Usaquén encontraron refugio. Llevaban en su caravana, en andas, la venerada imagen de la virgen de la iglesia de Chiquinquirá, que, después de la independencia, se convertiría en la patrona de Colombia

Un siglo después, en 1906, se construyó la carretera Central del Norte —hoy es la extensión de la carrera Séptima— que mejoró la comunicación con Bogotá y Chapinero, lo que facilitó aún más que Usaquén fuera un territorio cercano para las fincas de recreo de las familias adineradas. A partir de 1940 se construyó en sus predios el Country Club, los cuarteles militares de Santa Ana y la estación del Cable Aéreo de Cementos Samper. Esto fue definitivo, pues la explotación de las areneras propició el surgimiento de barrios como La Cita y San Cristóbal Norte, resultado de los loteos de las empresas mineras de la zona para sus empleados. Surgió también el barrio popular de Barrancas, con familias de inmigrantes que se asentaron entre las calles 153 y 163 para trabajar en las minas. Usaquén fue el mayor proveedor de arena y piedra. De sus canteras salió el material con el que se construyó el Capitolio Nacional y el antiguo Palacio de Justicia. Fue municipio independiente hasta 1954, año en que se integró a la ciudad. En ese periodo comenzó la parcelación de uno de sus predios más grandes: la famosa hacienda de Santa Ana, dando inicio al elegante barrio de hoy. Le siguió la hacienda Santa Bárbara, para familias de altos recursos. Un poco más al norte se hizo la parcelación de la hacienda El Cedro, dirigido a la joven clase media que había surgido de algunas dinámicas modernizadoras de la ciudad.

A finales de los setenta mis padres compraron una casa en los antiguos predios de Usaquén, en un barrio llamado Bella Suiza. El nombre se lo dio un célebre restaurante ubicado en la Séptima con calle 128, La Bella Suiza, fundado a fines de los cincuenta por inmigrantes suizos y especializado en gastronomía más o menos internacional, a lo que sumaba una absoluta novedad: cerveza negra de sifón. Era y sigue siendo hoy un barrio campestre con tres grandes parques y calles sombreadas por los árboles simbólicos de la sabana: cerezos, eucaliptos, cauchos, duraznos, siete cueros, brevos y cipreses. Lo más curioso de Bella Suiza, desde un punto de vista *kitsch*, es su iglesia, llamada del Cristo Maestro. En una crónica del escritor Mauricio Silva publicada en la revista *SOHO*[12] se la describe como una «construcción que combina piedra en su base; paredes amarillas con ventanas diminutas; puertas de madera (con modernos cristos tallados)

12 Del mes de junio de 2011.

pintadas en naranja; techos moriscos que luchan con las tejas españolas; balcones de madera y —he aquí su rasgo más sobresaliente— una cúpula esférica y gigante de cobre, coronada por una punta aguja y una cruz, que podría oscilar entre la escuela neogótica y la ortodoxa rusa». Y remata con lo siguiente: «Lo más increíble es lo que hay adentro. Primero que todo, tiene 13 apóstoles. Segundo, una imagen de la Virgen del Apocalipsis (sí, hay Virgen del Apocalipsis) y otra del Divino Niño importada desde Madrid».

En 1976 se inauguró Unicentro, en la carrera Quince con calle 127 —ya lo mencioné: fue el primer centro comercial de Bogotá—, muy cerca de nuestro barrio. Recuerdo la caminata por los potreros aledaños hasta llegar a la Entrada 3 del centro comercial y el deambular lunático por sus corredores internos, mirando las vitrinas de los almacenes y observando a la gente. Íbamos hasta la bolera, que nos parecía elegante e inalcanzable, o hasta los cines para ver la cartelera de novedades, o al primer restaurante de hamburguesas del que tengo memoria, que se llamaba Whopper King, y lo considerábamos el *non plus ultra*. Nos parecía estar viviendo una época importante, definitiva; la modernidad había tardado en llegar a nuestra ciudad nefelibata, pero al fin estaba ahí, ante nuestros ojos, y la prueba era esa construcción luminosa, con escaleras eléctricas y fuentes de colores, luces y almacenes de prestigio, heladerías exquisitas y lugares para hacer una pausa y tomar un café o un chocolate con queso, que son las bebidas tradicionales de la ciudad.

El éxito de este centro comercial y de los que vendrían después formaba parte de esa cultura de imitación acrítica hacia todo lo que llega de Estados Unidos, un esquema psicológico cada vez más difundido en la sociedad colombiana, que suspira aún por ese norte rico y ampuloso en el que surgieron los chocolates Milky Way y la Coca-Cola y los *jeans* Levi's y Pamela Anderson y la tradición del Halloween y los filmes de Hollywood y todo lo que para ellos tiene valor, en suma, desde la política hasta los tenis deportivos. Estados Unidos sigue siendo hoy, para una parte importante de la sociedad colombiana, el camino a seguir. Su cultura del consumo y la fastuosidad, del algodón dulce y la alegría pregrabada, tendría —y sigue teniendo— profundas consecuencias en una sociedad poco segura de su identidad y algo perdida en su historia, que en muchos casos ignora de dónde viene y por supuesto no le preocupa para dónde va.

❝ Estados Unidos sigue siendo hoy, para una parte importante de la sociedad colombiana, el camino a seguir ❞

La nueva dinámica urbana creada por Unicentro se extendió a los barrios de Multicentro, y luego a ese concepto de los «conjuntos cerrados» proveniente también —cómo no— de Estados Unidos. Se trataba de urbanizaciones con amplias zonas verdes y áreas comunes de juego, socialización y deporte.

La novedosa idea de la residencia-club que se mantiene hasta hoy.

Esto llegó a Bogotá con dos constructoras: la del mismo arquitecto de Unicentro, Pedro Gómez, con el conjunto Calatrava —que iremos a ver más adelante— y la del empresario Fernando Mazuera. Sus condominios pusieron en circulación un «american dream» local, el concepto del barrio prefabricado e hiperseguro con una estricta vigilancia desplegada en muros exteriores, rejas, cámaras 24 horas, ronderos por las calles internas y casetas de entrada con guardias armados que anuncian a los visitantes. Esto era ferozmente atractivo, pues el «conjunto cerrado» es una unidad separada de las vías públicas, lo que por supuesto incluía la irresistible sensación y el privilegio (excluyente, la idea del club) de «estar dentro», de *pertenecer*, y además la tranquilidad de vivir socialmente entre iguales, una clase media que enciende con entusiasmo los motores y tiene la mira puesta en la siguiente casilla.

NIZA

Una de las zonas de la ciudad con más personalidad es el barrio de Niza. Está en los alrededores de la avenida Suba, entre las calles 118 y 127. Esta avenida es una transversal que nace en los Barrios Unidos y se dirige hacia el antiguo municipio de Suba, pueblo sabanero que también fue devorado por el empuje urbanístico de la capital. El barrio de Niza está al costado occidental. Su nombre evocador, Niza, que hacía pensar en la Costa Azul francesa, era un interesantísimo conglomerado de casas y espacios públicos con una idea no solo arquitectónica, sino urbanística.

Fue diseñado por el arquitecto Willy Drews en los años 60 en torno al humedal Córdoba, uno de los más bellos de la ciudad. Por estar lejos del sector financiero y comercial fue una propuesta de cambio en el estilo de vida: suponía distancia del centro administrativo a cambio de amplitud, zonas verdes, frondosos árboles, casas sin rejas ni cercas que invitaban a los habitantes a congeniar entre sí, jardines internos y antejardines amplios para caminar después de la cena y charlar con los vecinos, y construcciones cubistas en una mezcla de ladrillo y pared blanca de máximo dos pisos que debían sugerir tranquilidad, equilibrio, descanso, incluso ocio, una oferta para combatir la irritación y tensiones de la vida urbana. Por lo demás, cumplía con las necesidades de servicio de un barrio residencial, pues incluía cines, iglesias y un centro comercial. Por su originalidad, el barrio de Niza fue declarado patrimonio cultural en 2012.

Lo interesante para mí, al recordarlo ahora, es verificar que la propuesta de Drews, la de modificar el estilo de vida —y acaso el modo de ser— de sus vecinos desde el urbanismo y la arquitectura, sí se logró plenamente, al menos en mis compañeros del colegio Refous que vivían ahí. Era un grupo grande y funcionaban de un modo muy unido. Las casas de los unos parecían ser la continuación natural de las de los otros. Todos entraban y salían, compartían sus vidas; parecían una sola familia en un ambiente de

“Todos entraban y salían, compartían sus vidas; parecían una sola familia”

camaradería que a los demás, los que no éramos de Niza, podía parecernos extraño. En la época de las fiestas, los de Niza llegaban siempre juntos y se iban juntos, llevados por alguno de los padres. Un enorme clan. «¡Llegaron los de Niza!», decíamos al verlos. Con frecuencia en las fiestas había desacuerdos, molestias y peleas que a veces llegaban a las manos, y recuerdo que los de Niza estaban siempre unidos, como si fueran miembros de una extraña logia o secta. Se protegían unos a otros. En mi barrio, Bella Suiza, había un grupo muy unido, pero solo tres éramos del mismo colegio, y los puntos de contacto estaban más en los intereses musicales y el modo de enfrentar la adolescencia que por una experiencia urbanística, un orden que, dicho sea de paso, en Bella Suiza era caótico: cada casa establecía su propia tradición y todas eran distintas, como pequeños reinos sucesivos.

La cercanía del humedal Córdoba, en lo que hoy se llama Niza Antigua, tiene un increíble valor. Poder llegar dando un paseo a esa especie de jardín del Edén que es el humedal, con sus lagos y frondosos árboles, su vegetación de tierra fría cruzada por senderos y bosques, parece un milagro. Algo realmente único en medio de una ciudad tan abigarrada. Con los años, el Niza original, el de los años 60, se fue extendiendo hacia el norte siguiendo el curso de la avenida Suba. Tal fue su éxito que hubo ampliación hacia nuevos barrios Niza sucesivos, numerados, llegando hasta Niza VIII e introduciendo en cada caso pequeños cambios en la forma de las casas, pero conservando el concepto de unidad que muy pronto se convertiría en un exitoso esquema inmobiliario en otros sectores de la ciudad.

GARCÍA MÁRQUEZ EN BOGOTÁ

El visitante y residente más ilustre que tuvo Bogotá en todo el siglo XX no llegó de Europa ni de Estados Unidos, sino del Caribe colombiano. Se llamaba Gabriel García Márquez y había nacido en Aracataca, un pueblo de la región del Magdalena, en 1927. A pesar de haberlo impresionado, Bogotá aparece muy poco en su obra. Está sobre todo en la crónica *Noticia de un secuestro*, pero no en sus novelas, pues su mundo literario era el del Caribe. García Márquez llegó a la capital por primera vez en 1943. Así describe ese momento en sus memorias, *Vivir para contarla*:

> Bogotá era entonces una ciudad remota y lúgubre donde estaba cayendo una llovizna insomne desde principios del siglo XVI. Me llamó la atención que había en la calle demasiados hombres deprisa, vestidos como yo desde mi llegada, de paño negro y sombreros duros. En cambio, no se veía ni una mujer de consolación, cuya entrada estaba prohibida en los cafés sombríos del centro comercial, como la de sacerdotes con sotana y militares uniformados.

Aquella vez, García Márquez venía por una de las becas que ofrecía el Ministerio de Educación para cursar el bachillerato en el Liceo Nacional de Varones de Zipaquirá, con apenas dieciséis años. En ese mismo

Liceo, tres décadas después, estudiaría el presidente Gustavo Petro.

Con los años, a medida que se adentraba en la ciudad y aprovechaba su inmensa vida cultural, las impresiones tristes y lúgubres de García Márquez fueron reemplazadas por otras más positivas. En 1947 se matriculó en la Universidad Nacional para estudiar Derecho, descubrió los paseos en tranvía y los cafés donde se reunían poetas, escritores e intelectuales. Siete años después, cuando fue contratado por *El Espectador* en 1954, Bogotá se convertiría para él en una urbe rebosante de cine y de historias magníficas.

García Márquez acabó por pasar largas temporadas en Bogotá —alternando con Ciudad de México—. La historia más estrambótica de esa relación fue en 1981, cuando se vio obligado a escapar de forma precipitada pidiendo asilo en la embajada mexicana. Este episodio fue uno de los más vergonzosos del gobierno del presidente Julio César Turbay Ayala, cuyo poder político estaba intervenido por los militares, que hacían y deshacían a su antojo, pues los enfrentamientos entre el Estado y los grupos guerrilleros subían de tono y la influencia del socialismo cubano y el entusiasmo por la revolución de Nicaragua estaba muy presente. Como en los demás países de la región, la mayoría de los artistas colombianos eran de izquierda y García Márquez era uno de los más

“García Márquez era uno de los más radicales. Su cercanía con Fidel Castro era conocida”

radicales. Su cercanía con Fidel Castro era conocida. Y las cosas se precipitaron. Primero, un columnista del diario *El Tiempo* acusó a García Márquez de tener nexos con la guerrilla del M-19[13] y de haber apoyado y *cuasi* financiado el desembarco de una nave con armas proveniente de Cuba. Luego, el 24 de marzo, en una cena, un amigo le advirtió a García Márquez que al día siguiente el ejército pensaba detenerlo para un interrogatorio. Esa misma noche García Márquez y su esposa Mercedes se exiliaron en la embajada de México y al día siguiente salieron muy temprano del país.

Años después las aguas se calmaron y García Márquez volvió a Colombia, y por supuesto reanudó su relación con Bogotá, en donde abrió una casa: dos apartamentos unidos para hacer uno más grande en un edificio frente al parque de las Flores, en la calle 98 con carrera Quince. Ahí fue la primera vez que hablé personalmente con él, en 1997. Por eso es un lugar mítico para mí. Recuerdo que mientras lo esperaba en una sala contigua al estudio y con muchos nervios, él hablaba por teléfono con el exministro de Cultura francés, Jack Lang.

---

13 Movimiento 19 de Abril, guerrilla que promulgaba un socialismo democrático y nacionalista. Nació en enero de 1974, con el robo de la espada de Simón Bolívar, y firmó un acuerdo de paz para convertirse en partido político en marzo de 1990. El presidente Gustavo Petro fue uno de sus miembros.

El Sur

En Bogotá existe también la otra cara de la luna.

Del otro lado de la economía abundante y tradicional, en gran parte ubicada en las localidades del norte, Bogotá creció también en sus zonas medias bajas y pobres del sur, en gran parte por la inmigración de otras regiones. La violencia y la falta de oportunidades en zonas apartadas de la geografía empujó a muchos campesinos a desplazarse a los centros urbanos, y la capital, a pesar de su reputación de lugar frío —los coterráneos le dicen «la nevera»— es la metáfora de la ciudad rica, donde todo es posible si se tiene suerte y un poco de agallas. A esto se unió, en el siglo XXI, el éxodo de ciudadanos venezolanos que se vieron obligados a salir de su país por diferentes razones. Me detengo en este tema, pues creo que merece una reflexión. Los primeros en llegar fueron los venezolanos ricos, que trajeron inversión y trabajo beneficiando enormemente a la capital. Luego fueron llegando personas de sectores económicos más bajos a medida que la situación en Venezuela se hacía difícil, y por supuesto la convivencia ha pasado por muchos momentos, buenos y malos, algo que nos recuerda —que nos debe recordar— a las dos naciones la unión histórica y la hermandad. Antes, entre los años 60 y 90, Venezuela fue la meca de la inmigración colombiana. Siempre que hubo problemas sociales o económicos en Colombia, Venezuela nos recibió gustosa y con generosidad. Hoy es al revés y la reciprocidad suele funcionar, a pesar de casos aislados. Hoy creo profundamente que Bolívar tenía razón: Venezuela y Colombia son un solo país. Un mismo genoma dividido. Por eso, cuando se resuelvan las controversias políticas en Venezuela y regrese la democracia, se debería promover la unión entre ambos, el levantamiento de esa absurda frontera para crear un gran estado soberano. Caracas y Bogotá unidas, como debió ser desde el principio. Y tal vez en un futuro, por qué no, el regreso de Panamá. Ese sí que sería un gran país al norte de Sudamérica. Una nación de 80 millones de habitantes —50 de Colombia, 26 de Venezuela y 4 de Panamá— que tendría posibilidades reales de pesar en el mundo.

“Bolívar tenía razón: Venezuela y Colombia son un solo país”

Pero esto, por ahora, pertenece al mundo de las utopías políticas.

Regresando al sur de la ciudad, también allí hubo crecimiento. Zonas como Usme, Ciudad Kennedy o Ciudad Bolívar, con sus centenares de barrios, se fueron desarrollando en medio de las dificultades, llegando a tener sectores en los que viven personas que se han enriquecido con el comercio o los servicios, pero que prefieren quedarse ahí, donde son reconocidos y respetados por el vecindario, en lugar de transferirse a las zonas del norte, donde siempre serán vistos como «nuevos ricos» o pobres con plata. Hay al respecto un detalle importante. Desde mediados de los ochenta existe en las ciudades del país una división administrativa de acuerdo a la capacidad económica de cada zona urbana.

Son los «estratos», numerados del 1 al 6.

La idea inicial, muy loable, consistía en modular el cobro de los servicios públicos domiciliarios. ¿En qué consiste? Se dividió a la sociedad en 6 franjas o «estratos», de modo que los más ricos —5 y 6— pagaran por los servicios de los más pobres —1, 2 y 3—. Y el estrato 4 sería el punto medio, que ni da ni recibe y obtiene los precios del mercado. Este sistema «solidario» permitió redistribuir el gasto teniendo en cuenta la desigualdad.

Hasta ahí todo muy bien.

El problema surgió cuando esta división se transformó en marcador social para las personas. «¿De qué estrato eres?». Esa información empezó a ser pertinente para solicitar créditos bancarios, becas e incluso para calificar la competitividad en el trabajo. Por eso en ciertos contextos laborales las personas escondían con vergüenza pertenecer a los estratos 2 o 3. Y así, un instrumento que nació para el equilibrio social acabó por convertirse en método de señalamiento y arma al servicio del clasismo.

CIUDAD KENNEDY

La historia de este barrio o localidad, una de las más pobladas del sur de Bogotá, con más de un millón y medio de habitantes, es bastante original y quizá única en el contexto del progreso de la urbe en el territorio de la sabana. Comenzó siendo una urbanización popular financiada nada menos que por el famoso programa de cooperación Alianza para el Progreso, de Estados Unidos hacia América Latina, cuyo lema era «Mejorar la vida de todos los habitantes del continente». Lo insólito fue que el mismísimo presidente John F. Kennedy vino a Bogotá, el 17 de diciembre de 1961, a poner la primera piedra. Un detalle anecdótico: los diarios de la época no registran si vino solo o con Jackie, ¿o tal vez con su bella amante Marilyn? Ya se conocían y habría sido ideal para los jóvenes amantes, pero esto no son más que elucubraciones. De haber sido así se sabría, pues estas cosas se filtran y ya desde esa época había en Colombia clubes de *marilynistas*.

La famosa Alianza para el Progreso fue un programa lanzado por Kennedy en 1960 para afianzar la idea de una aldea continental en América, dirigida obviamente desde Washington, para lo cual Estados Unidos financió proyectos sociales y educativos en varios países de América Latina. Pero hubo un detalle: como eran años de turbulencias políticas en todo el hemisferio, se comprendió muy rápidamente que esta Alianza era sobre todo una medida para contrarrestar el influjo de la Revolución cubana, idea que progresaba en muchas naciones con la creación de guerrillas, pues la mayoría estaba bajo regímenes dictatoriales o militares.

Bogotá fue una de las ciudades beneficiadas del programa con este novedoso proyecto. Eran 12 000 casas e inicialmente se llamó «Ciudad Techo», a unos 6 kilómetros del perímetro urbano, en el suroccidente. A partir de ese momento los terrenos baldíos que la separaban de la ciudad se fueron llenando de nuevos proyectos de viviendas y urbanizaciones privadas, y la ciudad se expandió hacia ese costado. Fue una época de relativo optimismo en Colombia. Los acuerdos logrados por la política colombiana —ese «acuerdo de paz» entre liberales y conservadores llamado Frente Nacional— pronosticaban cierto progreso y la tranquilidad y la seguridad reinaron por un tiempo. El Estado invirtió en infraestructuras y se hicieron nuevas vías que permitieron comunicar mejor a Ciudad Kennedy con el resto de la capital.

El 22 de noviembre de 1963, cuando llegó la noticia del asesinato de Kennedy en Dallas, los vecinos marcharon por las avenidas del barrio en señal de duelo y exigieron cambiar el nombre. Así Ciudad Techo pasó a llamarse Ciudad Kennedy. De las primeras construcciones de un piso no queda casi nada, pues, como el resto de Bogotá, fueron remodeladas y rehechas varias veces con el paso de los años. Existe el mito de que el propietario de la primera que se construyó, un tal Argenil Plazas, fue a visitar personalmente a Kennedy a Washington en la Casa Blanca, y que este lo recibió.

Pero luego la imagen idílica de la Ciudad Kennedy de los primeros años se fue desvaneciendo y fue reemplazada por otra: la de un barrio duro, difícil, en el que proliferaron mafias y bandas delincuenciales.

USME

Pero la vida se sobrepone en estos barrios.

Es el caso de Usme, en la zona suroriental de Bogotá, hacia el páramo de Sumapaz y la autopista que baja a los Llanos Orientales y Villavicencio. Usme fue antes San José de Usme, un municipio cercano que poco a poco fue siendo tragado por la expansión de la ciudad. En Usme se encuentra la primera área de reserva arqueológica de Bogotá, en una zona conocida como Hacienda El Carmen. Son unas 30 hectáreas. En ese preciso lugar, en el 2008, se inició la construcción de un gigantesco proyecto de edificios de apartamentos llamado «Usme Ciudad del Futuro». Pero al hacer las excavaciones de los cimientos encontraron 135 restos humanos —no recientes, hay que precisarlo— y alrededor de 300 000 fragmentos de cerámica de la cultura muisca. Desde entonces el Instituto Colombiano de Antropología e Historia (ICANH) y la Secretaría de Cultura de Bogotá intervinieron la zona para asegurar la protección de los hallazgos arqueológicos. Unos años después, el alcalde Gustavo Petro ordenó suspender la construcción y propuso en su lugar una zona de actividades culturales y museísticas. Desde esa época hay en Usme un movimiento que reúne a campesinos, indígenas y habitantes de la ciudad alrededor de la defensa del patrimonio, el medioambiente, las prácticas campesinas y la propiedad de la tierra.

Para llegar a Usme, se debe hacer un largo recorrido desde el Centro por la avenida Caracas, en dirección sur, dejar atrás la Escuela de Artillería y, sobre todo, el sobrecogedor conjunto carcelario de La Picota, que encoge el corazón nada más verlo con sus edificios de concreto en los que vive una población de 6500 reclusos.

Me detengo un momento aquí, pues sobre esta penitenciaría hay mil historias tremebundas, trágicas, inhumanas. Por un proyecto audiovisual he tenido que entrevistar dos veces, el mes pasado, a un hombre que fue condenado a 56 años de cárcel por asesinato en primer grado. Mi entrevistado le disparó a un sacerdote un tiro en la cabeza, pero lo insólito es que el sacerdote le pagó para que lo hiciera. Una suerte de suicidio por interpuesta persona. Su abogado intentó rebajar la condena argumentando «crimen por compasión», pero los jueces lo desestimaron por haber cobrado. No puede haber compasión cuando hay dinero de por medio. ¿Y cómo no iba a cobrar, si es un sicario? Ahí está la historia.

Pero me salgo del tema, que es la cárcel.

La penitenciaría de La Picota.

Cuenta con cuatro torres, cada una dedicada a un tipo de PPL (persona privada de la libertad, eufemismo para los presos): la de los condenados por crímenes con sentencias superiores a los 30 años, la de los extraditables —por lo general delincuentes ligados al narcotráfico—, la de delitos sexuales y la de la delincuencia menor; en un anexo están las llamadas «casas fiscales» para políticos y exfuncionarios públicos acusados de corrupción, vínculos con el paramilitarismo o el narcotráfico y afines, un privilegio que el mismo

“¿Y cómo no iba a cobrar, si es un sicario?”

Congreso legisló a su favor. Hay otro anexo que es el de «Máxima Seguridad» para reclusos particularmente peligrosos.

Está también la vida alrededor de la penitenciaría, los vendedores informales sobre la avenida y la entrada principal, que ofrecen desayunos, café, *snacks*, empanadas y hasta almuerzos a la fila de visitantes, que deben esperar hasta que les autoricen el paso. Los comerciantes prestan también el servicio de *locker*, guardado de celulares y dinero, elementos prohibidos al interior de la cárcel. Antes de ingresar al gélido conjunto le pregunté a una vendedora de café, señalando una de las torres: «¿Usted cree que allá adentro está el mal?». La mujer me miró como si la inocencia aún se viera en mis rosadas mejillas, y dijo: «No, allá adentro están solo los condenados. El mal está acá afuera».

“ «¿Usted cree que allá adentro está el mal?». La mujer me miró como si la inocencia aún se viera en mis rosadas mejillas y dijo: «No, allá adentro están solo los condenados. El mal está acá afuera» ”

Ese mal es también un retrato profundo de la ciudad. Los crímenes que se cometen, el calibre de las armas que retumban en sus calles, los fraudes y extorsiones que torturan a los habitantes más frágiles, la desesperanza de quienes no ven otra opción que el sicariato y la vida destrozada de sus víctimas. Todo esto configura un perfil: el de esa urbe saturnal que devora a sus hijos. Ciudades como Bogotá expresan en el mapa la idea freudiana del inconsciente. Ciertos barrios duros son la zona oscura, el instinto oculto y nocturno; otras son la parte luminosa y bella, diurna. Urbes desgarradas y nerviosas que contienen al Dr. Jekyll y a Mr. Hyde en sus territorios y en las que Lucifer se pasea con su corte sin jamás encontrarse con los ángeles.

Al llegar a Usme se lee: «Bienvenidos a Usmekistán». Esto dice un poderoso grafiti en uno de los puentes peatonales que cruza de lado a lado la Caracas. En esta localidad viven 400 000 personas y es una de las más combativas en las revueltas sociales, un fortín en todas las manifestaciones políticas. Está en su tradición. Usme también fue refugio de grupos liberales durante varias de las guerras civiles del siglo XIX en Colombia. Y a fines del XX, por su cercanía con el páramo de Sumapaz, debió lidiar con la presencia y la cercanía geográfica de la guerrilla de las FARC, que tenía una de sus sedes de comandancia en esas montañas altas, precisamente por la dificultad de acceso. Es curioso y contradictorio, pues, hoy, justamente por la cercanía del páramo, el fuerte de esa localidad es el ecoturismo y las caminatas por la montaña. A la salida ya de Bogotá —es el límite suroccidental de la ciudad—, hay una pequeña carretera que bordea el río Tunjuelito y conduce al viejo pueblo conurbado de Usme, el que le da el nombre a toda la localidad, un poblado de casas coloniales y arquitectura tradicional a 2800 metros de altura, con un entorno montañoso de un color verde oscuro y unos cielos densos que la mayor parte del año están nublados, pero cuando sale el sol parecen al alcance de la mano.

Ese frío y esa neblina hacen parte de la belleza ambiental del páramo. Un ejemplo es el de Bocagrande, alrededor de la laguna del mismo nombre. No parece posible que ese territorio sobrenatural, hogar del frailejón y del agua, sea parte de Bogotá. Es el inicio de un inmenso ecosistema, el del páramo de Sumapaz, que está a 4600 metros de altura. Es el más grande del mundo con sus 333 400 hectáreas, un lugar realmente mítico. El naturalista Alexander von Humboldt lo recorrió en 1801 e hizo una descripción de sus plantas nativas y glaciares, que relacionó con los de los Alpes, así como de su fauna silvestre.

LOS PÁRAMOS

Si algo tiene de bueno esta ciudad nefelibata , perdida entre las graciosas y a veces oscuras volutas de las nubes, es precisamente la cercanía con los páramos. Estos ecosistemas se dan entre los 2800 y los 4000 metros de altura, y albergan una asombrosa biodiversidad, por eso son raros en el mundo. Lo asombroso es que el 50 % de toda la superficie de páramo de la Tierra esté en Colombia, y esto, tal vez, debido a la metamorfosis que experimenta la cordillera de los Andes al llegar a esta nación, ramificándose en tres colosales cadenas montañosas. Una suerte de lengua trífida. Al páramo se le llama «fábrica de agua», pues ahí nacen algunos de los grandes y pequeños ríos del país que surten del precioso líquido al 80 % de las ciudades. Las características porosas del suelo y de su vegetación hacen que el agua que proviene de las lluvias se acumule y luego se filtre de un modo gradual, lo que contribuye a un suministro estable y continuo de agua. Por eso están protegidos. Hay prohibición absoluta de hacer en ellos actividades agrícolas o ganaderas. En cuanto a la fauna, es por supuesto el hogar del oso con anteojos, pero también del tigrillo, del mítico jaguar, de las dantas, de infinidad de tipos de colibríes, de zorros y pumas, de venados, de muchas variedades de ranas y sapos, y de coloridas mariposas que le dan toques de luz al aire denso de las alturas.

La flora es también muy especial: están los enormes pastizales y prados en los que se yergue el frailejón, esa planta alta que parece de terciopelo y que, en su orden cuasi militar sobre el terreno evoca a los «guerreros de terracota» chinos, solo que vegetales. En Sumapaz hay contabilizadas 897 especies de plantas que viven en ese ecosistema de neblina, humedad y frío, y que por su dificultad de acceso, en los años duros del conflicto armado, la guerrilla de las FARC utilizó como base, lo que obligó al ejército a crear unidades de «alta montaña» que pudieran combatir en esas condiciones.

Pero volvamos a las soledades del páramo.

Además del de Bocagrande y el Sumapaz, al sur, Bogotá dispone de otros páramos a sus alrededores: el de Chingaza, el de Guerrero, el de Guacheneque, el de Cruz Verde o El Verjón. En Chingaza, a solo 42 kilómetros de Bogotá, es aún posible encontrarse con el oso con anteojos, también llamado oso andino. El color de este hermoso animal varía entre negro y café oscuro, y sus ojos están bordeados de tonalidades blanco amarillentas.

¿Dónde están los demás páramos del mundo?

En las montañas del sur de Centroamérica. En ecosistemas semejantes en África Oriental y Nueva Guinea. En las montañas Rwenzori de Uganda y en las regiones afromontanas de Etiopía, Kenia, Tanzania y Sudáfrica. Hay otros, en menor cantidad, en Papúa Nueva Guinea e Indonesia.

LA CIUDAD DE LOS PÁJAROS

Ligado a los páramos y la naturaleza, es necesario referirse también a la población alada de la ciudad. De acuerdo a cifras de los observatorios, en Bogotá se pueden encontrar, en diferentes épocas del año, hasta 583 especies diferentes de aves. Por eso la llaman «la ciudad de los pájaros». Algunas son permanentes, ciudadanas de pleno derecho como la mirla y el copetón, y otras, migratorias como la espectacular tingua azul —una escultura volátil de Dalí—. Colombia tiene más de 2800 especies, y esto explica que una parte del turismo provenga de los famosos avistadores de pájaros, los *bird watchers*, esa legión de idólatras que va por el mundo con unos prismáticos y sus libros de registro en los que anotan cada

❝ En Bogotá se pueden encontrar, en diferentes épocas del año, hasta 583 especies diferentes de aves. Por eso la llaman «la ciudad de los pájaros» ❞

especie vista —para legalizar el avistamiento debe firmar un testigo registrado—. Entre estos, por cierto, se cuenta el novelista norteamericano Jonathan Franzen, que según supe viene con frecuencia a Colombia a buscar y fotografiar sus adoraciones aladas. Algo de esa pasión está en su novela *Pureza*.

El contubernio con los pájaros se vive a diario en la ciudad.

La terraza del apartamento de mis padres, un sexto piso en el barrio El Retiro, es un trasiego constante de mirlas y turpiales, petirrojos y colibríes, copetones y palomas. Para estimular sus visitas, basta poner un banano abierto por la mitad en uno de los mesones del balcón. De ese modo van llegando en parejas, escalonados, a veces quitándose a la fuerza el lugar. La mirla, con su cuerpo gris y su pico color naranja, es la más grande y fuerte. Los pequeños suelen volar a las ramas de los eucaliptos cercanos y desde ahí quedan a la espera. No bien la mirla alza el vuelo, regresan. Son buenos *gourmets*. Les gusta la pulpa dulce del banano y apenas picotean la cáscara, que es amarga.

La cercanía de los cerros y su verde profundo explican esta increíble proliferación, pues no todos los barrios de Bogotá son arbolados. El copetón es tal vez el más común. No tiene colores espectaculares, no es una figura escapada de una tela de Van Gogh o Gauguin, pero es el que siempre está ahí, picoteando entre el pasto, el que vuela en grupo y se posa en las ramas altas de los eucaliptos.

Esta presencia permanente de pájaros hermana a Bogotá con una ciudad lejana y casi en las antípodas: Nueva Delhi. Allí los parques también rebosan de pájaros, lo mismo que los templos. «Son los verdaderos dueños de la ciudad», dijo una vez el poeta Ramón Cote, viendo entrar y salir bandadas de aguiluchos de las bóvedas altas de la tumba Humayún, y ser reemplazados por oleadas de pericos que, al posarse sobre el tronco seco de un árbol, daban la impresión de que este había milagrosamente florecido.

Final

Una de las preguntas recurrentes, por haber vivido casi toda mi vida fuera del país, es la siguiente: ¿cómo se ve Bogotá desde afuera?, o mejor: ¿cómo la ven los extranjeros? A la segunda no puedo responder. Puedo transmitir testimonios, pero la verdad es que, cuando algún francés o italiano o español me dice algo de Bogotá, por lo general son cosas vagas, probablemente cordiales, del estilo «Tiene un clima muy bueno» (sé que no es cierto) o «La gente es muy amable» (esto puede ser cierto) o «Es una ciudad muy moderna» (esto es cierto al 20 %).

De lo que sí estoy seguro es que la curiosidad por saber cómo nos ven, legítima en muchos contextos, es hija de ese antiguo complejo de inferioridad patrio según el cual somos un país insignificante. Un complejo reforzado por nuestra aristocracia criolla, que siempre alabó y definió como mejor lo extranjero, y que en sus viajes se esforzaba por parecer a toda costa «de otra parte», pues se avergonzaban de la nacionalidad, vista como fuente de problemas. De ahí esa tonta fascinación cada vez que algún connacional es importante para alguien o para algo fuera del país, o que a algún extranjero le guste algo del nuestro. Y su contrario: la resignación y la tristeza ante las críticas cuando vienen de afuera, y el anhelo de linchamiento, escupiendo fuego por los ojos, cuando provienen de algún local.

Creo que en América Latina solo hay cuatro grandes urbes en cuya tradición, urbanismo e historia se pueden rastrear los grandes movimientos que definieron a la región, pero ninguna de ellas es Bogotá. Son Buenos Aires, Sao Paulo, Ciudad de México y La Habana. Si miramos Europa a lo largo de su historia, sus equivalentes serían Roma, París y Londres. Si consideramos el mundo occidental en el siglo xx, las ciudades serían Nueva York, Londres, París, Berlín y Moscú. Si miramos Asia, no hay duda: son Pekín, Tokio y Delhi. Si las buscamos en los países árabes del Medio Oriente serán Bagdad, Damasco, Jerusalén y La Meca, y en el Magreb serán El Cairo, Argel y Marrakech. Del África subsahariana no me atrevo a hacer una lista, pues no conozco tanto, pero sospecho que estarán Nairobi, Johannesburgo y Adís Abeba.

Ahora bien, no ser una ciudad símbolo tampoco es una condena al infierno. Es simplemente una realidad. Yo creo que Bogotá, en términos europeos, equivaldría a una ciudad como Dublín o Lisboa. Una urbe situada en un segundo rango, aunque muy decoroso, con sus gracias y problemas y su temperamento retraído. Con Dublín compartimos el oscurantismo católico, y con Lisboa, un sentimiento de inferioridad con los vecinos y cierta tristeza que, felizmente, suele ser cuna de excelentes creaciones artísticas. En Asia, Bogotá podría ser Kuala Lumpur, cerca de urbes más importantes pero haciendo su camino, sin llegar a ser Singapur, gran centro económico, ni Bangkok, eje de un antiguo reino.

Por lo demás, creo sinceramente que Bogotá es una ciudad agradable, y ya no comparto la idea de que sea insignificante. Bogotá tiene sitios entrañables y lugares odiosos, como todas las ciudades. El porcentaje per cápita de gente arrogante, tonta y chata no es más alto que el de otras capitales. No sé si sea tan «buen vividero» como dicen algunos (por lo general gente rica), pero tampoco es esa sala de tortura que pintan otros (también gente rica). El problema de Bogotá, como el de Quito o Caracas, es que, más que ciudades, son archipiélagos de barrios inmersos en una marea urbana sin mucho sentido. Pero así ha sido también nuestra historia y puede que sea nuestro destino, y por eso Bogotá, en el fondo, está muy bien, aunque no sé si volvería a vivir en ella.

Cinco itinerarios

Escanea el QR al final de cada ruta para ver el mapa completo en tu teléfono.

1• La Candelaria

Este itinerario puede partir de la **plaza de Bolívar,** que es el verdadero corazón de la ciudad. Mirando hacia sus cuatro costados se verán los edificios en los que reside el poder de la República y de la ciudad: al sur, el Congreso y detrás la Presidencia; al occidente, la Alcaldía; al norte, el Palacio de Justicia, y al oriente, la catedral de Bogotá. Todo presidido por la figura tutelar del cerro de Monserrate y las nubes cargadas del altiplano, que completan el paisaje.

Luego conviene subir por la calle 11 hacia el oriente, adentrándose en **La Candelaria**. Esta calle contiene gran parte de los símbolos del país: ahí está el **Centro Cultural Gabriel García Márquez**, un edificio del arquitecto Rogelio Salmona que es la sede en Bogotá de la editorial mexicana Fondo de Cultura Económica, con espacios para conferencias y presentaciones de libros. Un poco más arriba se llega al **Museo Donación Botero**, uno de los mejores de América Latina, y que forma junto con el Museo de Arte y el Museo de la Casa de la Moneda una plazoleta de arte y cultura. Siguiendo por la calle 11 está la **Biblioteca Luis Ángel Arango**, que es también un espacio de galerías de arte, presidido en su entrada por un vistoso mural del artista Alejandro Obregón.

A la hora del almuerzo hay muchos restaurantes con platos santafereños como el *ajiaco* (una sopa en cuya elaboración se usan tres tipos de papa, mazorca, pollo y una hierba sabanera llamada *guasca*) o el famoso *sancocho*, especie de *pot au feu* local, y que suelo tomar los viernes en el mejor restaurante de esa calle, que es **Andante**, en la esquina de la carrera Tercera. Continuando el paseo una cuadra hacia el sur, está el Teatro Colón, en la calle 10 con carrera Quinta, y al frente el Palacio de San Carlos, donde funcionan las oficinas del Ministerio de Relaciones

Exteriores. Un poco más al norte, ya para un café en la tarde, conviene ir hasta el espacio del **Teatro Libre de Bogotá,** en la calle 12b con carrera Segunda, y ver cualquiera de las representaciones de este grupo, uno de los mejores en teatro a nivel latinoamericano.

Pero lo más importante es que deambulando entre estos lugares, de uno a otro, está el espíritu del viejo barrio original, fundador de la ciudad: sus casonas coloniales, sus pequeños parques, el empedrado de algunos tramos de pavimento y los curiosos nombres antiguos de las calles (calle del Pecado Mortal, del Divorcio, de las Brujas). Y sumado a lo anterior, un ambiente creativo de artesanos y artistas.

2• Avenida Jiménez y Eje ambiental

El **Eje ambiental** sigue el trazado del antiguo río San Francisco, que fue rellenado en 1930 para crear sobre su cauce la avenida Jiménez. Para un recorrido a pie, el punto de inicio puede ser la **iglesia de Las Aguas**, en la calle 18A con carrera Segunda, que es una de las más antiguas de la ciudad (1657), y el convento aledaño de las Aguas. Desde ahí se puede caminar hasta la **Estatua de La Pola**, la mártir Policarpa Salavarrieta, espía a favor de las fuerzas independentistas que fue fusilada por los españoles a los 22 años, en 1817. En ese punto el viajero puede respirar un ambiente estudiantil por la cercanía con la Universidad de Los Andes, una de las mejores del país, y continuar hacia el **parque de Los Periodistas**, bautizado recientemente con el nombre de plaza Gabriel García Márquez. Esa plaza triangular contiene un curioso templete central que alberga una estatua —¡una más!— de Simón Bolívar.

A partir de ahí se baja por la **avenida Jiménez**, que es a la vez un recorrido por la arquitectura bogotana del siglo XIX. Ahí está en primer lugar la **Librería Lerner**, de la que hablamos en la página 57, donde se pueden conseguir libros en los principales idiomas, y luego el estilizado edificio Monserrate, la antigua sede del diario *El Espectador*. Más adelante la **plazoleta** de **El Rosario**, con su famoso **Café Pasaje.** Ahí conviene hacer una parada y, si interesa, echar un vistazo a lo que ofrecen los célebres vendedores de esmeraldas, los *esmeralderos*, que a pesar de estar en la calle y dar una sensación de precariedad, son bastante confiables.

Cruzando la avenida Jiménez, en diagonal hacia el norte, vale la pena ir al **parque de Santander** y visitar, por supuesto, el **Museo del Oro**, el más famoso de Bogotá, que alberga gran parte de la mejor orfebrería prehispánica. Tras esto, el viajero puede recogerse un momento ante el **Edificio de Avianca**, que fue en su momento el más grande rascacielos bogotano y objeto de un estrepitoso incendio, evocado en la página 64 y luego cruzar la carrera Séptima y entrar a la estupenda iglesia colonial de San Francisco, para evocar desde ahí los orígenes de la ciudad.

Al salir, de nuevo hacia el sur por la carrera Séptima, y tras pasar al frente del edificio del Banco de la República y del viejo edificio del periódico *El Tiempo*, el viajero puede ir hasta el edificio **Henry Faux**, en la calle 14, en cuya puerta fue asesinado el líder liberal Jorge Eliécer Gaitán, un crimen que cambió la historia del país, y guardar un minuto de silencio ante las múltiples placas que lo conmemoran.

3• Los cerros

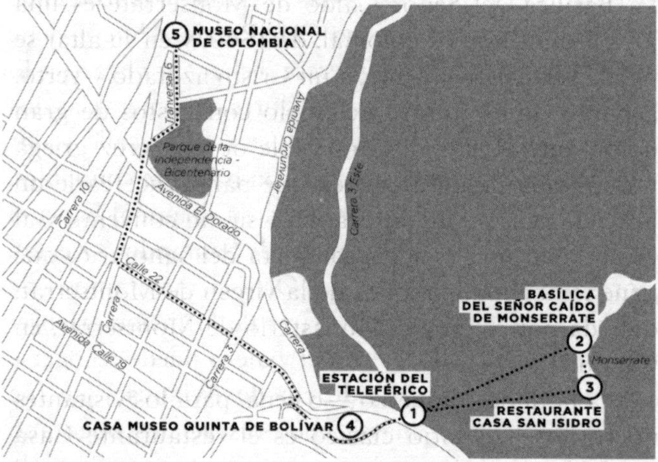

La presencia de los cerros orientales es una de las características de Bogotá, y por eso un recorrido imprescindible es visitar la **Basílica del Señor Caído de Monserrate**, lo que, además, permite contemplar la ciudad desde lo alto, exactamente desde 3150 metros de altura. Este itinerario comienza en la Estación Teleférico Monserrate, que está en la carrera Segunda Este con calle 21, el cual nos lleva en pocos minutos al techo de la capital. Pero hay otras dos opciones:

el funicular, una especie de vagón de tren que trepa por la montaña, o, para los viajeros más atléticos, la posibilidad de subir a pie, tal como suelen hacer los domingos los peregrinos, dándole al ascenso un contenido espiritual.

Desde lo alto, en el mirador, la imagen de la ciudad y la sabana de Bogotá es realmente asombrosa y se comprende de un solo golpe de vista su extensión. La Basílica del Señor Caído de Monserrate es una joya arquitectónica colonial, de 1640, y en su altar se puede ver, efectivamente, a un Cristo azotado y yerto, a punto de levantarse del suelo con gestos de gran dolor, ante el símbolo impasible de una cruz griega y la mirada de un arcángel, que parece acercarle un poco de agua en un ánfora. La visita al convento y al museo dan una imagen completa del santuario, que tiene también una réplica de la virgen de Montserrat, donada por el propio Monasterio de Montserrat, en Cataluña.

A la hora del almuerzo —o cena, para los visitantes nocturnos— el sitio clásico es el restaurante **Casa San Isidro**, una elegante construcción de mediados del siglo XIX con vista a la ciudad y que, curiosamente, es un restaurante francés, con extraordinarios vinos y un menú internacional. El consejo para quienes llevan poco tiempo en Bogotá y aún se acostumbran a la altura es abstenerse de comer carne de res los primeros días, ya que su digestión requiere de mucho oxígeno y puede causar malestares. Lo mejor es acudir al pollo o al pescado.

Saliendo de esta visita, tras contemplar el oscuro verde de la reserva ambiental de los cerros, vale la pena detenerse un momento en el **Pozo de los Deseos** y, de espaldas a él, lanzar una moneda, pues nunca se sabe. Luego volver a la estación del teleférico y bajar a Bogotá con tiempo para una visita rápida a la **Casa Museo Quinta de Bolívar,** que está justo al frente de la estación, donde Bolívar vivió de forma episódica entre 1821 y 1827. Y luego, bajando a la carrera Séptima con calle 28, una caminata por el **Museo Nacional**, antigua construcción de 1830 que antes fue la cárcel central de la ciudad y que alberga colecciones de cultura y arte y objetos prehispánicos.

4• Chapinero y Zona norte

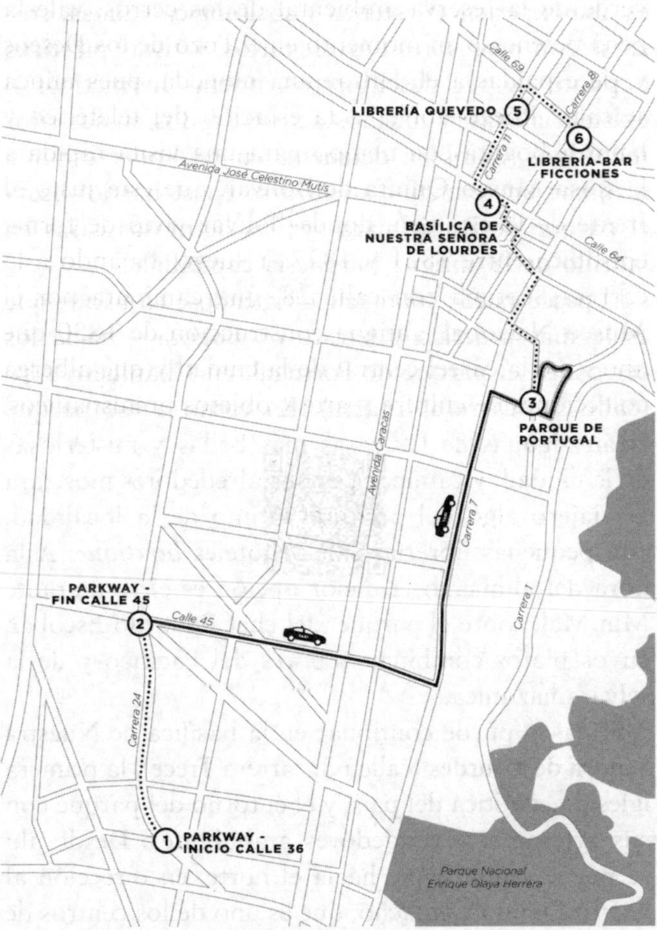

Visitar el **Park Way**, en la localidad de Teusaquillo (avenida 24, entre calles 36 y 45), es una gran experiencia para cualquier viajero que llega a Bogotá. Caminar por esa ancha avenida cubierta de árboles frondosos es una experiencia estética y sociológica valiosa, cruzarse con profesores universitarios, artistas plásticos a punto de ser descubiertos, poetas herméticos o existencialistas, y muchos actores, todos en sus ritos matutinos. También detenerse en cualquier esquina a tomar un té chai y adentrarse en el barrio, hasta el parque de Brasil, para ver las hermosas casas en ladrillo de la antigua burguesía capitalina.

El paseo puede continuar dirigiéndose en taxi —que es lo más práctico y barato en Bogotá— hacia los cerros, en el **parque de Portugal**, en Chapinero Alto (calle 58, carrera Cuarta). En torno a ese parque están algunas de las casas más bellas y misteriosas de la ciudad, y caminar por sus alrededores mostrará al viajero algo del perfume íntimo de la localidad, con pequeñas librerías-café y hoteles *boutique*. A la hora del almuerzo la mejor opción es el restaurante MiniMal, sobre el parque, del chef Eduardo Escobar, cuyos platos combinan sabores del Pacífico y de la selva amazónica.

El paseo puede continuar en la basílica de **Nuestra Señora de Lourdes** (calle 63, carrera Trece), la primera iglesia neogótica del país, y el entorno del parque con sus artesanos y vendedores ambulantes. Desde ahí se puede seguir a pie hacia el norte, en dirección al barrio Quinta Camacho, que es uno de los centros de las «**casas inglesas**», deteniéndose en sus librerías de ocasión (Librería Quevedo) o librerías bar (Librería Ficciones, calle 67 carrera Octava).

Ya en la tarde se puede ir hasta el antiguo pueblo de **Usaquén** (calle 118, arriba de la Séptima) y caminar por sus estrechas calles, de casas coloniales. Una de sus características hoy son sus restaurantes, en casonas tradicionales y con gastronomía de todo el mundo. Mi preferido es Abasto.

También en Usaquén, en el centro comercial Hacienda Santa Bárbara, está el famosísimo restaurante **Andrés, Carne de Res,** de comida típica y carnes, célebre por su estrafalaria decoración, que algunos consideran de inspiración surrealista. Pero este restaurante se hizo famoso sobre todo por su sede a las afueras de Bogotá, en el pueblo de Chía, que por supuesto conviene visitar para una noche de baile, desenfreno y bebidas espirituosas. El **Andrés, Carne de Res** de Chía es el más grande y apetecido restaurante, bar y *rumbeadero* (salón de fiesta) de la capital, en el que es fácil encontrarse con actores de cine, empresarios, intelectuales, personajes de la televisión y expresidentes de la república o senadores bailando frenéticamente sobre las mesas.

5• Las afueras de Bogotá

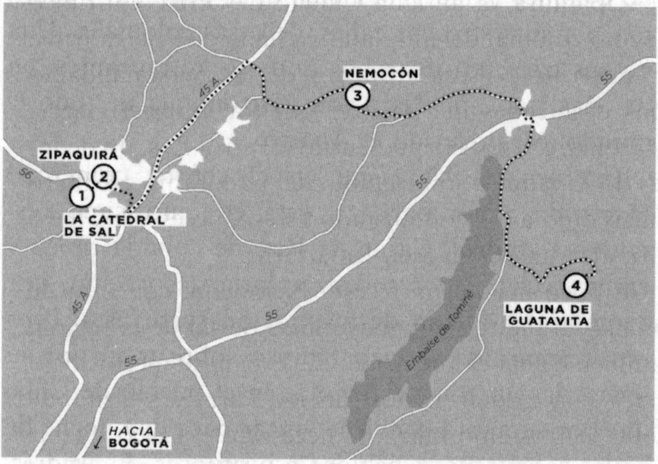

La Catedral de Sal: a menos de una hora de Bogotá, saliendo por la autopista del norte, en la vía hacia Zipaquirá, está una de las maravillas de la sabana: una catedral a 180 metros bajo tierra, construida en los socavones de una de las antiguas minas de sal activas desde la época prehispánica. Está diseñada en tres secciones: el Vía Crucis, la Cúpula y las naves del Nacimiento, la Vida, la Muerte y la Resurrección. Por el túnel de acceso están representadas las estaciones del Calvario, que son altares pequeños esculpidos en la roca de sal. Luego, por una rampa de descenso, se pasa a la Cúpula. Ahí está la gran cruz iluminada y tallada en bajo relieve. El tramo final lleva al centro de la Catedral, con el altar mayor y las cuatro columnas que representan a los evangelistas del Nuevo Testamento. Una obra asombrosa y monumental.

Tras la visita vale la pena detenerse en el pueblo de **Zipaquirá**, la antigua Ciudad del Zipa. Un típico pueblo colonial del altiplano, la llamada «tierra fría», en cuyo liceo estudiaron dos de las personalidades más destacadas del país: el escritor Gabriel García Márquez y el presidente Gustavo Petro. Los alrededores de Zipaquirá son ejemplo del panorama sabanero que sedujo a los conquistadores españoles y los llevó a fundar una ciudad en las alturas.

Un poco más al norte está **Nemocón**, con otra de las más grandes y antiguas minas de sal de la región, también de época prehispánica. Está a 80 metros bajo tierra y la forman varios túneles. Para esta visita, de 1600 metros bajo tierra, es necesario el casco y estar dispuesto a caminar por más de 40 minutos bajo tierra. En el recorrido se ven fósiles marinos, huesos de animales milenarios, vasijas de barro, escenas de los asentamientos indígenas y los diferentes escenarios de la mina de sal. También las estalactitas y estalagmitas que crecen de 1 a 3 centímetros por año, y una cascada de sal.

Otra de las curiosidades de esta mina es que allí se filmó la parte subterránea de la película *Los 33*, que revivió el drama de esos 33 mineros que en agosto del 2010, tras un accidente, quedaron atrapados por más de dos meses en una mina de Chile, y que finalmente fueron rescatados.

Laguna de Guatavita: lo más cercano a la célebre leyenda de El Dorado está en la laguna de Guatavita, donde los indígenas muiscas adoraban y rendían culto a la diosa del agua. El cacique llegaba en una balsa hasta el centro de la laguna y sus acompañantes procedían a cubrirlo con polvo de oro. Luego saltaba al agua y, como ofrenda, se lanzaban figuras de oro y esmeraldas.

Se llega por la vía Sesquile-Guatavita. Son siete kilómetros de camino desde la carretera principal y se puede ingresar en carro o a pie, dando un paseo por las montañas. Los guías suelen armar grupos para hablar sobre el ecosistema y la cultura muisca. La hermosa laguna es un cráter volcánico casi perfectamente circular que puede verse desde diferentes ángulos en los miradores.

Algunas cifras para ilustrar

DOS DESTINOS DIFERENTES

EVOLUCIÓN DE LA POBLACIÓN DE BOGOTÁ Y CARACAS

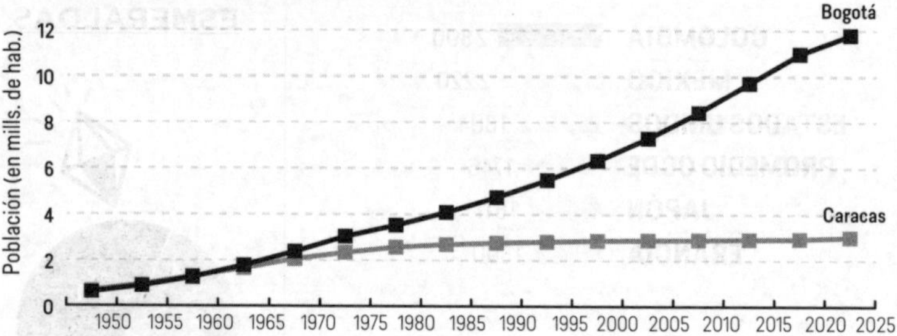

UNA CAPITAL EN LAS NUBES

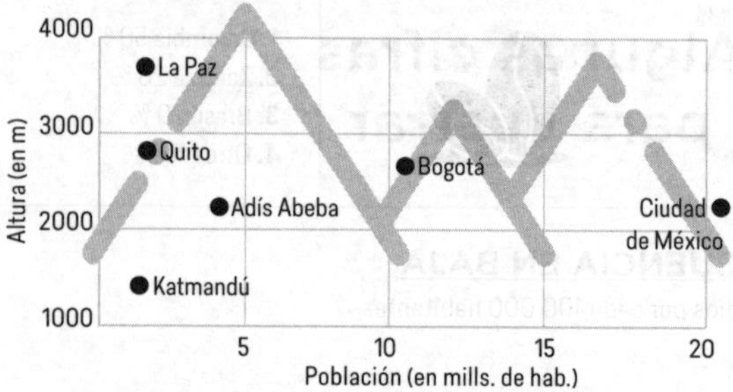

UNA INMENSA VARIEDAD DE AVES

Número de especies

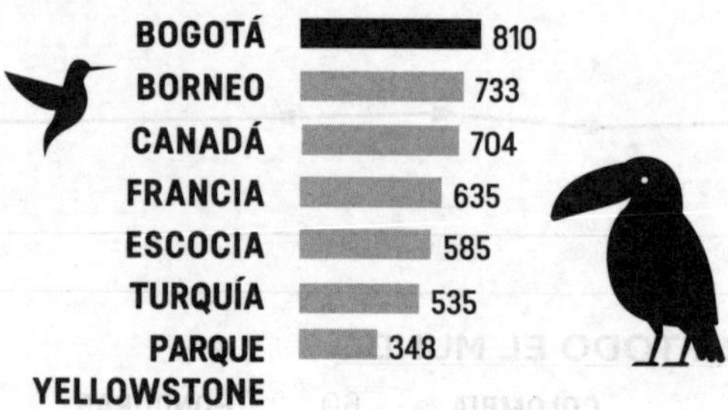

UNA CIUDAD CONGESTIONA

Tiempo perdido en embotellamientos cada año

UN PAÍS TRABAJADOR

Número de horas trabajadas al año por habitante

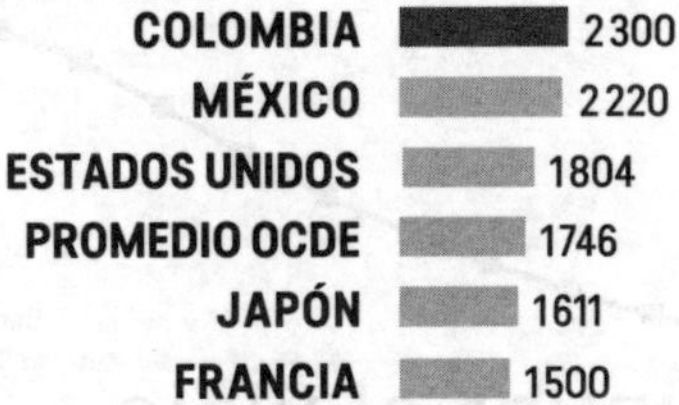

UN PAÍS PRODUCTOR DE CAFÉ

5 PRINCIPALES PRODUCTORES EN EL MUNDO

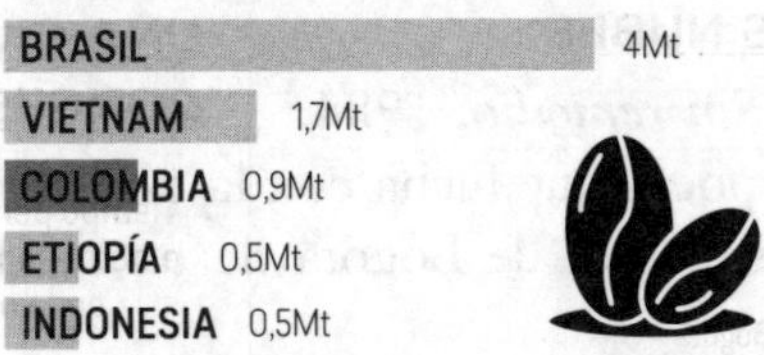

EL PRIMER PRODUCTOR DE ESMERALDAS

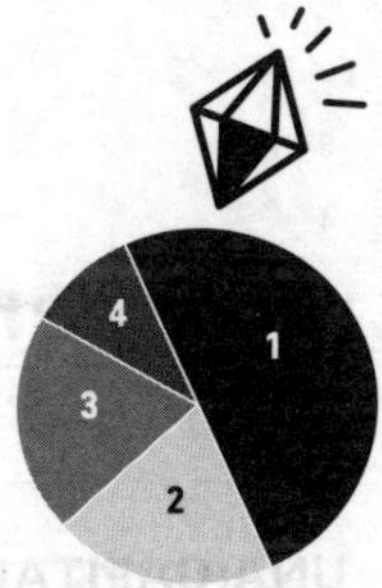

1. Colombia 50 %
2. Zambia 20 %
3. Brasil 20 %
4. Otros 10 %

UNA DELINCUENCIA EN BAJA

Número de homicidios por cada 100 000 habitantes

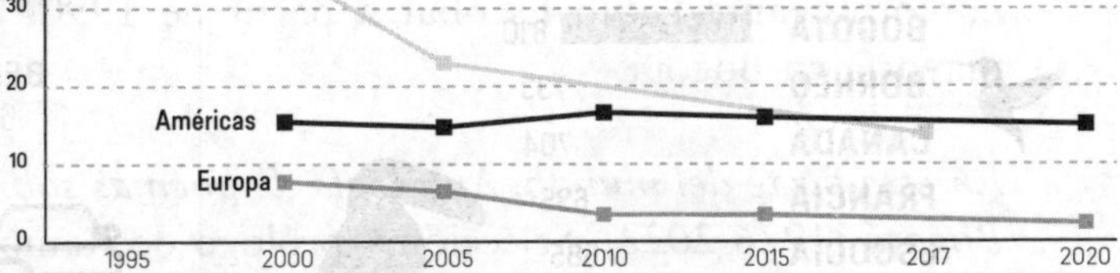

PERO NO PARA TODO EL MUNDO

Número de activistas ambientales asesinados en 2022:

COLOMBIA	60	**HONDURAS**	14
BRASIL	34	**FILIPINAS**	11
MÉXICO	31	**TOTAL MUNDO**	177

Fuente: Naciones Unidas, World Population Review, Avibase, Traffic index ranking, OCDE, The Natural Emerald Company, US foreign Agricultural Service, OMS, Global Witness

Para continuar el viaje

LIBROS

Antonio Caballero, *Sin remedio*, 1984.
Ignacio Escobar, un poeta que lucha con la escritura, recorre y observa la ciudad de Bogotá de un modo crítico y mordaz.

Juan Gabriel Vásquez, *El ruido de las cosas al caer*, 2012. Del modo en que se vivió en la Bogotá del fin de siglo XX la violencia del narcotráfico.

Gabriel García Márquez, *Noticia de un secuestro*, 1996. La historia de diez secuestros hechos por el narcotraficante Pablo Escobar a partir de 1990, la mayoría en Bogotá.

En esta parte del mundo. Antología de poemas sobre Bogotá (1926-2022). Selección y prólogo de Ramón Cote Baraibar, 2023.

Juan Carlos Botero, *Las ventanas y las voces*, 1998. La vida de un bogotano en diversas etapas. Retrato de la burguesía local y de la convulsa Colombia de los años ochenta.

PELÍCULAS

La estrategia del caracol, de Sergio Cabrera. 1993. La historia de los habitantes de una vieja casa de La Candelaria, que nos permite ver cómo era la ciudad a fines del pasado siglo.

La gente de la Universal, Felipe Aljure, 1991. Una historia policial y urbana llena de personajes extraordinarios, un reflejo de la Bogotá del centro y la avenida Jiménez.

Perder es cuestión de método, de Sergio Cabrera. 2005. Basada en la novela homónima, cuenta una historia de corrupción política y empresarial.

Confesión a Laura, de Jaime Osorio Gómez. 1990. En medio del episodio de El Bogotazo, un hombre se queda encerrado en la casa de su vecina y descubre su verdadera identidad.

Del mismo autor

Colombian Psycho, Alfaguara, 2023
Una casa en Bogotá, Random House, 2014
Será larga la noche, Alfaguara, 2019
Volver al oscuro valle, Random House, 2016
Plegarias nocturnas, Mondadori, 2012
Necrópolis 1209, Norma Editorial, 2009
El síndrome de Ulises, Seix Barral, 2005
Vida feliz de un hombre llamado Esteban, Ediciones B, 2001
Tragedia del hombre que amaba en los aeropuertos, Flash Relatos, 2012
Los impostores, Seix Barral, 2002
Perder es cuestión de método, Editorial Mondadori, 1997

Agradecemos a todos los que participaron
en la producción de este libro.

En especial a ti, querido lector,
porque es contigo que nuestra aventura
adquiere todo su significado.

Te invitamos a conocer nuevos títulos
en nuestra web y redes sociales.